JN058965

永瀬伸子
寺村絵里子
編著

少子化と女性のライフコース

人口学ライブラリー

19

原 書 房

は し が き

　本書は，筆者らが集う人口学研究会の叢書「人口学ライブラリー」の第 19 巻として発刊されるものである。テーマは，極少子化と呼ばれる急速な少子高齢化が進む日本と，現在大きく変化しつつある女性のライフコースを扱っている。

　日本の少子化は 1970 年代後半以降減少の一途をたどっている。2005 年を境に小さい反転をみせたとはいえ，本格的な改善の兆しはみえていない。この間，政府も手をこまねいてきたわけではなく，予算規模の小さいメニューの集まりではあるものの，様々な政策が実行されてきた。しかし効果はあまり出ていない。家族や個人の在り方の変化が，少子化をもたらし，逆に少子化の進展は，家族の在り方や個人の働き方に影響を及ぼしてきた。ところが，雇用慣行や学校教育，社会保障制度など，様々な制度は，家族の変化に十分に適応してこなかった。これは，女性のライフコースを考える上で重要となる仕事（職場）・家族の双方において，社会構造の対応・変化が緩慢だったことによるのであり，また女性の声が，十分にとどかず，政策に反映されてこなかったためでもある。本書は，女性のライフコースの変化について 2021 年の時点でとらえなおし，過去の推移をふまえた将来シミュレーションを行い，再検証を試みることを目的としている。

　女性のライフコースを考えた場合，個人的な選択としては大学教育，初職に就く，結婚，出産と仕事のかかわり，生涯シングル，離婚，再就職，老後生活，家事育児労働などが考えられる。これらのトピックを各章にてミクロデータの分析を中心とし検証を行っている。また，マクロ的な将来への影響として将来人口，経済，家計収入，社会保険納付，労働力なども考慮に入れ，さらなる検証を行っている。

　なお，本書は「女性の」と銘打っているが，男性との対比を常に考慮している。これまで類書は，男性について出されていたように思う。すなわち，教育，

人的投資，労働力，退職，年金などのトピックである。本書はこれらを女性の視点でとらえなおし，テキストとしても使用できる構成としている。このような切り口からの書籍は類書がないこと，また女性の視点から将来人口シミュレーションや社会保険・税金負担シミュレーションをしたものがないため，学術的な意義もある。

　本書を通じて，読者におかれては，社会と家族に起きている変化について，改めて見つめ直し考えていただきたい。そして今後日本において急速にすすむ長寿少子社会に向けて，性別役割分業を前提とした雇用慣行や社会保障制度から，今後どう移行していくのか，移行していったら良いのかを考えていただきたい。これについての新たな社会的合意を創るために本書が役立てば誠に幸いである。

　　2021 年 6 月

　　　　　　　　　　　　　　　　　　　　　　　　　　　　編者一同

目　　次

執筆者一覧 〔執筆順〕

永瀬　伸子（お茶の水女子大学基幹研究院人間系教授）

長町　理恵子（追手門学院大学経済学部准教授）

水落　正明（南山大学総合政策学部教授）

守泉　理恵（国立社会保障・人口問題研究所人口動向研究部第一室長）

中村　真理子（国立社会保障・人口問題研究所人口動向研究部研究員）

佐藤　龍三郎（中央大学経済研究所客員研究員）

新谷　由里子（白鷗大学教育学部准教授）

前田　正子（甲南大学マネジメント創造学部教授）

寺村　絵里子（明海大学大学院経済学研究科教授）

稲垣　誠一（国際医療福祉大学大学院医学研究科教授）

序章　変わる女性のライフコース

はじめに

　女性のライフコースは多様化している。女性の就業や生活について，最新の
データを用い，社会学，経済学，計量経済学，年金研究などの視点から，この
分野の一級の専門家が，女性のライフコースの現在を描く。読者が自分のライ
フコースや家族との暮らしについて考え，また日本の将来社会を見据えるとど
のような政策が求められるのか，現在を理解し，未来を考えることを目指した。

　1960 年代頃までは，日本だけでなく，多くの国で，女性は家庭の主婦として
母として生きることが想定され，社会保障や社会的保護もそうした女性像を前
提としていた。しかしその後大きい変化が起きている。

　その変化のスピードは国によって異なる。多くの国々で女性の就業率が大き
く上昇した。また結婚によらないパートナーシップが拡大し，離婚が増えるな
ど，家族の多様化もすすんだ。その中で欧州では，子どもの育ちに資するよう，
政府からの金銭給付が増え，また公的補助のつく保育供給枠も大きく拡大して
いった。法律婚のもとでなく生まれた子どもに対しても，法律婚同様に権利を
与えるなど，法制度も変化した。

　一方，日本では婚姻して子どもが生まれることが多いことから，核家族の中
で子育てをするという結婚の形は，戦後それほど大きくは変わっていないよう
に見える。しかしながら結婚遅延，出産遅延，離婚，就業の拡大，シングルマ
ザーの増加など，女性のライフコースはやはり大きく変わっている。また法制
度や男性中心の雇用慣行が，あまり変わっていないことが，逆に，多様な家族

2

の在り方を不可能とし，新しく家族が形成されることの阻害要因となっている可能性もある。

第1節　変わる家族，変わる女性の就業

　図P-1は日本，米国，フランス，スウェーデン，イタリアの女性の労働力率の推移を示したものである。女性の労働力率は，どの国でも継続的に高まっている。肉体労働の減少，第3次産業の発達，知的産業の拡大という技術変化や，また医療衛生状態の改善によって，子どもの死亡率が下がり，希望する子ども数を持つための子ども数が減少したこと，長寿化により，子育て期間外の時間が大幅に長期化したことが，こうした変化の根底にあるだろう。

　また社会規範や社会的な制度の変化もある。スウェーデンは労働力不足の予見から，女性が働ける社会環境の整備を1960年代，1970年代からすすめ，税制の個人単位化，親休業，保育園の充実などを行った。米国においても，女性の労働力率は1970年代，80年代に力強く上昇した。一方で，イタリアにおいては，母親役割規範が強いこともあって，2000年代に入るまで，女性の労働力率の上昇はより緩やかであった。

　日本の1960年代から1970年代前半の女性労働は欧米とは異なる特徴がある。当時は，農家，商家や家内工業など，自営世帯が多く，そこでは家族従業者として働く女性が多かったため労働力率が高かったのである。しかし経済の高度成長と急速な産業構造の変化によって自営世帯が縮小し，勤労世帯が増加，日本女性の労働力率は，欧米とは逆に1970年代半ばまで下がっていく。しかしその後はパートに出る主婦が増える形で欧米諸国同様に上昇していく。

　欧米で女性の継続就業が大幅に増えたと注目されたのは1980年代だが，日本では，中年期の再就職は増えたとはいえ，むしろこの時期に子育て期の専業主婦が増えた点も特徴的である（この点は本書3章でも指摘される）。この頃に，日本の社会保障制度は，生計を維持する男性と，扶養される妻というスタイルをより強固に形づくっていった。1980年代は，男性が長期に企業にコミットし，

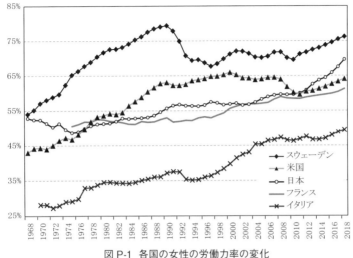

図 P-1　各国の女性の労働力率の変化

（資料）　OECD Database より筆者作成（15〜64 歳）.

女性がケア活動を担うという日本的経営が日本の経済成長の原動力であったという日本的雇用への礼賛があった時期でもある。

　女性の就業の増加と同時に，欧米では，家族の形が急速に変化していった。結婚によらないパートナーシップが増え，離婚が増え，シングルマザーや再婚家族が増え，家族の多様化がすすんだ。このような変化に対応し，欧州大陸では，出産期や育児期の親への社会的保護を手厚くするなどの対応をした。具体的には，子どものいる世帯に対する金銭給付が拡充され，雇用者が離職せずに子育て時間を得られる親休業制度が広がり，また出産後の働けない時期に収入を補填する親休業給付も導入された。国による差があるとはいえ，公的補助のある保育園へのアクセスも改善された。特にフランスは，公的助成のある保育園，無料の幼稚園や，公的助成のある保育ママなど，多様な保育が拡充されていった。一方，米国では，子どもに対する社会的給付は十分には行われなかったが，同様に離婚，再婚の増加，婚姻外の子どもの増加など，家族は大きく変化していった。

　これに対して，日本の家族の変化は見えにくい。親夫婦と同居する長男が嫁

とりをするという三世代同居家族は，1980年代以降の婚姻から大きく減少するという変化はあった。2000年に公的介護保険が導入されたことで，高齢の親世代が子世代と独立して暮らすことがより容易になり，この変化は政策にも支えられた。しかし，子育てに関しては，核家族の中で，父親が主な稼ぎ手となり収入を賄い，母親がいったん無職となり子育てをするという形は，1980年以降，2010年頃までほとんど変わらなかった。日本においても1992年に育児休業法が施行され，その後も制度は拡充されたが，出産者の多数が利用する制度には育っていない。このように一見，家族の変化が少なかったように見えるが，この間，結婚し離家する男女が減っていった。結婚や出産が減少していくのである。

　つまり夫が主な稼ぎ手であり，妻が主なケア者という家族の形があまり変わらない中で，日本で起きた変化は，結婚の遅延であり，出産の遅延あった。母親規範が強いイタリアやドイツも同様に出産遅延が起きている。このような現象に対して，McDonald（2000）は，教育機会や雇用機会の男女平等が社会的にはすすんでいる一方で，家庭内の妻役割や夫役割が伝統的で変化しないような場合，つまり家族規範が変わらない場合に，結婚，出産への移行が起きにくく，少子化の原因となっていると指摘している。

　家族形成が遅延されたまま時間が経過すれば，やがて家族そのものが変化していく。図P-2は，40〜44歳層に占める有配偶でない女性の割合である。2015年までは『国勢調査』の数字を見たものであり，2020年以降は，国立社会保障・人口問題研究所による配偶関係別人口予想（中位推計）である。2020年（予想）において，未婚が約21%，離死別が約10%であり，両方の計で3割が無配偶である。

　このように日本の40歳前半の女性人口の3割は無配偶になっている。しかし40歳代の無配偶女性の多くが，キャリアを構築し，独立した経済生活を営めているかといえばそうではない。未婚女性の場合は，親同居が多いため，親との相互サポートの中で一定の生活が保たれているが，親の加齢によってそうした生活は長期的に維持可能というわけではない。また離婚したシングルマザーの多くは，独立して暮らし，離婚後に就職する者が多いのだが，中年女性の賃金

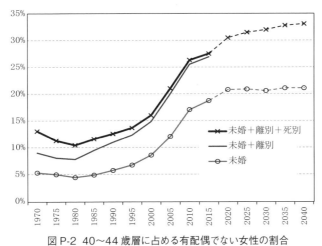

図 P-2　40〜44 歳層に占める有配偶でない女性の割合

（資料）『国勢調査』各年，2020 年以降は国立社会保障・人口問題研究所世帯推計（配偶関係別人口予測）．

水準が低いため，日本のシングルマザーの貧困率は OECD 諸国の中でも特に高いと知られている。

　つまり女性のライフコースは，日本においても，やはり急速に変化している。パートナーや子どもを持たない生活を送る者が増加していることは，将来の労働力人口を減らし，増加する高齢者の経済的なあるいは労働上の支え手を減らすものであり，将来の社会保障水準の低下をもたらすことになることだろう。また現在の社会保障制度が，変わる女性のライフコースに合わない点も少なくない。本書では，女性のライフコースがどのように変化したのか，経済学，社会学，人口学，年金研究，社会保障政策研究などを専門とする研究者が平易に現状を記述し，必要な政策について考える。

第 2 節　日本女性のライフコースの変化：本書各章の概要

　女性のライフコースがどのように変わっているのか。以下では，大学教育への投資，配偶者選択，結婚・出産と就業の関係の変化，未婚者のライフコース

展望，中年シングルのライフコース，再就職，高齢期の暮らし見通し，求められる政策などについて，各章の概要を筆者なりに自身の意見も交えながら紹介していく。

（1） 女性の教育投資と進学による賃金の上昇

多くの国々では，女性の大学進学が男性を上回るほどに上昇している。それは女性が働くことが当然となる中で，結婚や出産などのライフイベントによる阻害要因がある女性ほど，大学卒業資格を取り，良い仕事を確保しようとするからではないだろうか。

日本においては，1995 年頃までは，女性の四年制大学進学率は男性の半分程度であり，かわりに短大への進学が多かった。しかしこれ以降，女性の四年制大学への進学が増え，2020 年には，欧米のように男性を上回るには至っていないが，男女とも約半数が四年制大学に進学するようになっている。

長町理恵子（追手門学院大学）による第 1 章は，女性の大学進学を扱っている。OECD 加盟国の 15 歳男女に行われている学力調査 PISA から，日本の若い女性は，国語力だけでなく，数学力も OECD トップレベルであることが紹介される。しかし専攻分野という点では，女性は人文系が多く，社会科学系が少ない。さらに理系はもっと少なく，分野の偏りがある。

大学進学は，将来への投資行動とみることができるが，その効果はどうなのか。「フルタイムで働いている者」の賃金データを用いて，大学に進学することがどのくらい将来賃金を上げるのか，大学進学の収益率を計算すると，女性の大学進学は，男性以上に収益率が高い投資であることを 1 章で示している。逆に言えば，高卒男性以上にフルタイムで働く高卒女性の賃金が低く，大卒との格差があるということでもある。

つまり女性の大学進学は，フルタイムで就業継続する限り，有益な投資と言える。しかし，大卒女性の多くが，フルタイム就業を続けているわけではまったくないことも，本書 3 章のライフコース分析や本書 8 章の大卒男女の年収分布の分析は明らかにしている。逆に言えば，大卒女性にとって，フルタイム就業を離職するコストは高いということとも言え，本書 2 章が示すように，配偶

者サーチ期間の長期化が起きている。大卒女性が，結婚や出産を機に離職しないで人的投資を保ち，賃金水準を高める政策を紡ぎ出すことは，女性の大学投資をより生かすことになる。

(2) 配偶者探し：相手探しの成功要因

「いずれ結婚をするつもり」という独身男女の未来像は，1997 年の第 11 回調査の頃から 2015 年の第 15 回調査までほとんどかわらず，9 割弱を占め続けている（国立社会保障・人口問題研究所『出生動向基本調査』）。それにもかかわらず「人口動態統計」からも女性の平均初婚年齢は，上昇の一途にある。未婚男女のほぼ 9 割が婚姻し家族を持つ未来を漠然と描きながらも，パートナー探しはうまくすすんでいない。

水落正明（南山大学）による第 2 章は配偶者サーチモデルに基づいた分析がなされている。日本での先行研究はまだ多くはないが，サーチモデルは極めて興味深いモデルである。出会った相手と結婚した方が良いのか，それともさらにもう少し配偶者サーチをした方が良いのか，サーチを続けることのコストと，サーチすることによる期待収益（確率的により良い相手と出会える可能性）とを天秤にかけて，配偶者サーチをやめ結婚するかどうかを決めるというモデルの実証を試みたものである。東京大学社会科学研究所のパネル調査を用いて，2007 年から 7 年間を追跡し，その間に結婚した男女の行動を配偶者サーチモデルから分析する。氏の分析の興味深い点は，女性が，10 年後には専業主婦ないしパート就業でいることを希望しているのか，それとも正社員就業することを希望しているのか。このどちらの場合が，配偶者サーチを終了し結婚しやすいのかという問いを立てていることである。もし前者のような将来展望を持っているのならば，男性相手に対して，女性は安定収入を求めることだろう。一方，後者であれば，女性が正社員の仕事の継続を希望しているのであるから，男性に対する収入要求は前者ほど高くないかもしれないが，仕事を継続できる環境を重視するだろう。もちろん配偶者サーチは，女性だけでなく，男性も相互に合意しないと終了しない。分析からは，専業主婦ないし非正規就業を希望している女性の方が，正社員就業を希望している女性よりも，明らかに早く結婚相

手に出会ってサーチを終了するというものであった。学歴別にみると大卒女性でその効果が見られた。これは，後者については，（賃金収入の継続が見込まれるから），サーチを続けるコストが低いため結婚が遅くなるという解釈もできるが，他方で，日本においては，女性が婚姻後にコミットの高い仕事を継続することを希望した場合に，男女の合意が成立しにくいことをも示唆している。また男性については，前年の年収が高いことが結婚確率を上げ，低いことが結婚確率を下げるともわかった。女性は逆である。ただし女性も初職が正社員であることが結婚確率を上げる効果も強いため，女性の場合は，（低収入だから結婚したというより）結婚を予定して前年から仕事をかえて低収入になった可能性もあるだろう。今後の人口構造を考えれば，女性も働きつつ家族形成をできる社会にならないと，日本の財政はもたないであろうし，高齢者への社会保障は大幅に下落するだろうと思われる。しかしそれはまだ容易ではないようだ。一方で，「両立」を望む女性は年々増えている（4章）。このような希望を持つ女性の相手探しが難しいのは，正社員の仕事が長時間労働であるなど，男女が夫婦として折り合いをつけにくい働き方だからかもしれない。10年後に正社員で働くことを希望している女性も結婚に移行しやすくなるためには，雇用の在り方をかえる必要性をこの分析が示しているように私には思える。

（3）女性のライフコース：結婚・出産と就業は世代でどう変化しているのか

　第3章は，日本における結婚・出産と仕事をめぐるライフコースが世代によってどう変化したのか，守泉理恵・中村真理子（社会保障人口問題研究所）による分析である。

　1986年の雇用機会均等法の施行，1992年の育児休業法の施行，その後の保育園，ワークライフバランス施策など，2020年に至るまでの，女性の就業と出産に関する政策が丁寧にまとめられている。その上で，日本女性のライフコースはコーホートによってどう変化したのか，配偶関係と就業とに視点をあてる。分析方法は，国立社会保障・人口問題研究所『出生動向基本調査』の「夫婦票」に『国勢調査』でウェイト付けをした上で「独身者票」を合体した上で行われる，コーホート別の丁寧なクロス集計である。同調査は，日本女性の結婚・出

産と就業の変化を長期の視点から明らかできる貴重な調査であるが，これまで，独身者と，有配偶者が別々に集計されていた。今回，日本女性全体について，戦前・戦中生まれ（1937〜42年）から，調査時に35〜39歳を迎えた1975〜80年生まれまでについて，ライフコースがどう変化したか，コーホート別の変化をたどれる集計となっており興味深い。

　女性全体では，上昇が頭打ちになりつつあるとはいえ，図3-2のとおり，35〜39歳時点での「未婚・無子」というライフコースの増加がもっとも目立つ変化とえる。また45〜49歳層を見ると，戦後生まれの「団塊の世代」を含む1947〜52年生まれに比べて1965〜70年生まれでは未婚・無子の上昇が大きいだけでなく，「有配偶無子」の上昇も目立っている。「団塊の世代」においては，45〜49歳時を見ると，初婚有配偶有子女性が，コーホート女性の8割強を占めている。これに対して1965〜70年生まれでは60％にまで下がる。将来世代では一層低下する可能性が高く，女性と社会保障について，大きい変革が必要となることを示唆する数字である。

　続いて「初婚有配偶有子」の女性に視点が当たる。1960〜70年出生コーホートは，第1子出生時期に専業主婦になる女性が最も高い割合であったこと，しかし1970〜80年出生コーホートでは，いったん離職したとしても再就職の時期が早まり，また第1子出生を通じて就業継続する女性の小規模な増加が見られることなどが示されてる。

　最後に女性の就業継続は，少子化の要因なのかどうかを本章は問いかける。結婚年齢が30歳未満の場合は，就業継続グループと，そうでないグループとで，子ども数にはほとんど差が出ないこと，一方で，結婚年齢が30歳以降であれば，就業継続している女性の出生数の方がより低い傾向がみられるとはいえ，就業継続しない場合も，女性の出生数は大きく下がることを示している。

　女性が出産遅延をするのは，出産と育児の負担が女性のみに重くのしかかり，仕事の継続が難しく，大幅な生活変化が起きると予想するためではないだろうか。出産遅延の様々な要因を丁寧に聞き取り，これを取り除くことは重要なことだと私は考える。

（4）ライフコース戦略の変化：未婚者が描く理想のライフコースはどう変化してきたか

　女子大学生は，自身の未来像をどう考えているのだろう。2章はそのビジョンと配偶者選択とを扱っていた。4章は，未婚者が描く未来像そのものを扱っている。私自身は，長く女子大学生と接する中で，子どもを持たないつもりと回答する者が特に最近増えているように感じる。しかし今も大学生の多数派を占めるのは，仕事と家庭の両立をしたい者である。また少数だが子育てに専心し専業主婦になりたいという声もある。もっともこうした考え方は，社会が提供する機会や環境に応じて，変わっていくものでもあるだろう。

　第4章は，佐藤龍三郎（中央大学経済研究所）・新谷由里子（白鴎大学）による分析である。未婚女性が，自分の未来のための「戦略」として，子どもを持たない夫婦として本格就業するパターン，専業主婦となって子どもを持つパターンなど，選択を6パターンに分けて，自らの未来を戦略的に選ぶという想定で分析をしている。

　分析に際して，国立社会保障・人口問題研究所の『出生動向基本調査』の「独身者票」における設問を未婚女性のライフコース戦略の代理指標として用い，未婚女性が，結婚，子育てと就業との関係をどのように組み立てたいと考えているのか，理想とする未来（理想ライフコース）と実際になりそうだと考える未来（予定ライフコース）について，また独身男性が女性に期待する未来（期待するライフコース）から，1987年から2015年に及ぶ5年ごとの調査における変化を分析している。

　結果として，①理想の面では，近年，専業主婦コースから両立コースへのシフトが見られること，②予定の面でも，専業主婦コースから両立コースへのシフトが見られるが，とりわけ専業主婦コースは近年「理想」と「予定」の落差が大きくなっていること，③再就職コースの割合は，「理想」で漸増，「予定」で漸減だが，近年において最多数を占めていること，最後に④「予定」としての非婚就業コースは，1980年代後半にはごく少数を占めるにすぎなかったが，近年割合が著増していることなどを明らかにしている。

　女性の理想のライフコースは，1990年代半ばを境に，性別役割分業に基づいて経済的に夫に依存するという型から経済自立型へ大きく転換していることが結論づけられている。

　ただし，それが実際に可能だろうか。8章の男女賃金格差の実態の分析からは，まだまだ容易ではないことも示されている。また若者の新しい意識面の変化として，4章では低学歴層および高収入層で，子どもを持たないことが理想という選択肢が増えていることも指摘している。これは前者は非正規雇用者も多く，この層に対する社会的支援（子どもを持つ際の育児休業給付の権利の付与，給与水準やその上昇見通し，社会保険等の加入状況を含めて）が薄いことの反映ではないだろうか。この章では，人口置換水準に出生率が戻らない限り，際限なく人口が減少していくことを危惧し，増加する可能性の高い低所得者同士の夫婦（ウィーク・カップル）への支援政策の拡大を，また高校生が老後までを含めたライフプランニングを考えることの重要性を指摘している。

(5) 生涯シングル女性と中年期の生活

　第5章は，前田正子（甲南大学）による分析である。近年，大幅に増加しつつある生涯シングル女性の現状と未来を描いている。総務省『就業構造基本統計調査』等の大規模な政府統計で確認しつつ，年金シニアプラン総合研究機構の生涯シングルを対象とするユニークな調査である『独身者の老後生活設計ニーズに関する調査』を分析に用いている。また氏が行ったシングル女性への聞き取り調査が引用され，シングル女性の現実について臨場感を持って考えさせられる。

　配偶者のいない50歳の女性の割合はどのくらいだろうか。2015年時点の『国勢調査』によれば，その割合は4人に1人強と驚くほど高い。未婚女性が約13%，死別女性が約2%，離別女性が約10%である。若い頃は，「いずれは結婚するつもり」と考えていたとしても，50歳となった時にシングルで生きている女性が年々拡大しているのである。

　シングルだが親同居して高齢の親の世話をしている女性も少なくない。そして中年期のシングル女性は経済面で恵まれない者が多い。正社員であるとして

も，女性の賃金は男性よりかなり低いと知られている。さらに女性に非正規雇用者が多く，フルタイムで働いたとしても経済的な自立は容易ではない。

　40～59歳の生涯シングル女性に対する2015年の前述の調査によれば，正規雇用者は35％，非正規雇用者は33％，自営・内職が13％，無業が18％であるという。正規雇用者であれば平均年収は395万円であった。これとて高いとは言えないが，3割を占める非正規雇用の平均年収は169万円にすぎない。また公的年金加入状況を見ると厚生年金加入者は約4割，国民年金を全額支払っている加入者は約4割，残りの2割は国民年金保険料免除者や保険料を払ってない者である。厚生年金に加入していたとしても，女性の年金は，その低い賃金を反映して男性より平均的に大幅に低い。国民年金のみの受給であれば一層低い。また無年金者もいることになる。さらに年金だけでは生活は難しく，自助努力が期待されるが，低い賃金を反映したものであろう，女性の約2割は老後の備えをしておらず，老後の備えをしていると回答した中高年生涯未婚女性のうち預貯金がゼロの者も約4割いたことが報告される。

　労働市場において安定雇用に就いてこなかったシングル女性たちが今後どのように生活を成り立たせるのか。特に人口の多い団塊ジュニア世代・ポスト団塊ジュニア世代は新卒時に就職氷河期に当たり，安定した仕事につけなかった人が多いだけでなく未婚率が高いことは大きい課題である。彼女たちが40代，50代の間に，高齢になる前に少しでも就労などによって経済力をつけてもらう早期の政策的対応が必要と，重要な指摘がなされている。

(6) 無職から再就職へ

　第6章は，寺村絵里子（明海大学）による女性の再就職を扱った章である。最新の調査である国立社会保障・人口問題研究所『第15回出生動向基本調査』（2015年）においても，結婚時に離職する女性が2割程度いること，第1子出産時に離職する女性も出産前就業者の約半数ほどいることが知られている。つまり，結婚や出産でいったん無職になる女性は今も女性の過半数を超える。その多くは，労働市場に戻るが，その際には非正規雇用に就く者が多い。非正規雇用に就く理由としては，都合のいい時間に働ける，育児・家事・介護と両立

できる選択という回答が最近の調査ほど増えている。これは 2013 年以降の好景気と人手不足の拡大の中で，無業から就業する女性が増えたことがある。また，好景気の中で，正社員を望んでいたのにもかかわらず，不本意に非正規雇用に就く女性そのものはこのところ減っている。しかしパートタイム労働者の賃金水準は正社員と比べておおいに低い。低賃金ではない仕事機会を広げていくことが課題である。政策として，再就職する女性の人的資本投資のブラッシュアップやリカレント教育の重要性が指摘されている。そして実際のデータからも，学校へ通うこと，通信教育を受けることやセミナーや勉強会への参加などが再就職を助けることが示されている。一方で，無業から正社員への移行については，e ラーニングを受けたという以外はあまり有効ではなく，一方有配偶者であることや子どもを持つことが正社員への再就職を難しくしている。今後どのような教育訓練が望ましいのかについて，更なる検討が必要である。

（7）高齢期女性の生活保障：現在とこれからの見通し

　第 7 章は，稲垣誠一（国際医療福祉大学）による高齢期の女性の年金生活の未来予想のマイクロシミュレーションである。厚生労働省『国民生活基礎調査』の個票を用いて，将来の高齢者の家族構成や所得分布のシミュレーションを実施し，公的年金については，最新の 2019 年財政検証結果を用いて推計を行っている。

　高齢者の生活水準は，家族と同居しているか，一人暮らしかで大きく違っており，とりわけ一人暮らしの高齢者では，貧困線以下になる割合が高いことが指摘されている。一人暮らし高齢者の割合は，2018 年における実績値 19％程度に対して，2050 年頃までに 27％まで上昇すると推計されており，このため，全般に高齢者の貧困率は上昇すると予想されている。その上で，男性にはない特徴なのだが，女性は未婚・離別といった配偶状態が，女性の貧困率の上昇に著しい影響を与えるとする。これは一人暮らしとなる可能性が高いだけでなく，女性個人の年金は，雇用者として雇われていたとしても，男性と比較した場合，賃金水準の低さによって，また男性と比べてパートやアルバイトになりやすいことから，また被用者年金の加入期間の短さによって，低くなるからである。

　有配偶女性については，女性が厚生年金に加入して社会保険料を支払って働いたとしても，夫の死後は，夫の遺族年金だけを得た場合（専業主婦であった場合）とほぼかわらない年金となるような遺族年金制度の設計が現在も続いている。このため，非正規雇用者が，被用者年金に加入しにくい現行の制度設計は，有配偶女性にとっては，社会保険料を免除されるというメリットが感じられ，デメリットを感じにくい制度となっている。ところが無配偶女性にとっては，そうでなくとも低い女性の老後年金をさらに低いものとする制度となっている。

　本章のシミュレーションから，2040年の未婚・死別女性の貧困率は，2020年の25％程度から，2040年には35％，2060年には50％近くにまで急上昇することが予想されている。また未婚と離別を合わせた高齢女性の割合は，2050年頃には全体の3分の1を占め，有配偶，死別，未婚・離別がほぼ同数になると見込まれると予想されている。これまで社会保障の中で明示的に考慮されてこなかった未婚・離別の高齢女性が，当たり前の時代になると稲垣氏は予測している。

　未婚・離別女性に対して安定した雇用を提供することの重要性，そしてシングルの公的年金の在り方を真剣に考えるべき時期にきていることを改めて考えされられる。

(8) 女性のライフコースの変化に合わせた社会保障の変革：政策・職場・家族に求められる変化

　第8章は永瀬伸子（お茶の水女子大学）による章である。次世代育成の停滞と，高年齢人口の増加によって，社会保障はきわめて厳しい財政状況となると予想される。この状況を緩和するのは，潜在労働力の活用であり，出生率の回復であり，1人あたりの生産性の増加（あるいは賃金の上昇）である。どの程度の改善の余地があるのか，2019年の「年金財政検証」の複数のシナリオを検討し，2050年までについて，改善の可能性を検討する。

　結論としては，さまざまな経済シナリオを考えたとしても，いずれにせよ潜在労働力の活用には天井があること，出生率の回復の影響は20年間は出ないことから，現役人口の急落は回避できないことをまず示す。一方で，1人あた

り生産性の改善という点では，日本において男女賃金格差はきわめて大きく，女性賃金の改善の余地は大きいことも指摘する。

　さらに女性が出産すると，その多くが，低収入になり，男性の収入水準に生活を依存するのが日本の現実がある。このことによって，現在の日本においては，女性が出産を「リスク」と見なすようになっている可能性を指摘し，これを緩和する政策が必要であると述べている。

　2019 年の財政検証においては，女性の賃金水準の改善について，政策シナリオとして特段の考慮はされていない。世帯主男性が安定雇用者として社会保険に加入し，低収入の配偶者として扶養される女性という夫婦のみを年金のモデルとして，その年金水準の十分性を検討するといった財政検証の形になっている。これは法律で規定されたことではあるとはいえ，この検証自体が，縮小しつつある世帯類型である一部の高齢者しか見ていない点を懸念する。

　将来に向けては，男女ともに長い就業可能期間を持つこと，出産や子育てによる就業収入の下落や休業は，男女ともに（非正規雇用者等を含めて）充分に社会的に保護する必要があることが指摘される。具体的には，出産育児期の収入低下について，非正規雇用者や失業者を含めて社会的に補償すること。また雇用される男女ともに子育て時間をとれるような雇用ルールを作ること。現在は，男性世帯主は年功賃金であって，女性がケアをし，またその後は低収入の非正規雇用者として働くことが暗黙に想定されるような働き方が現実になされている。こうした雇用慣行と社会保障の大きい改革が必要であることを提案している。また特にシングルマザーに対する支援の拡充を提案している。

第 3 節　女性の変わるライフコースに対応した政策のために

　第 1 章から第 8 章が示したのは，産業構造の変革，個人の長寿化，女性が持つ子ども数の減少などによって，女性のライフコースにおいて「キャリアを持つ」ことの意味が変化したにもかかわらず，女性が仕事をすること，かつ子ど

もを持つことについて，日本の変化が緩慢で，先進諸国に比べても時間を要し，これによって，変化が停滞したことである。

これは，日本の雇用社会が専業主婦を扶養する前提で転勤，残業，長時間労働などの雇用慣行をつくり，このような雇用慣行が1980年代までは大きい成功を収めてきたからだろう。

しかしながら，産業構造や技術，家族の変化の中で，女性が家族だけでなく仕事をも持つことを見通した人生を若い世代が予想できるような構造変化に対応しないものであった。

興味深いのは，第4章が扱う未婚者の理想のライフコースである。これを見ると，日本においてもすでに1992年には，未婚女性の意識が大きくかわっていたことがわかる。『出生動向基本調査』第9回，すなわち1987年の独身者調査においては，18〜22歳の女性のうち「専業主婦」を理想のライフコースとする者が4割を占めていたが，わずか10年後の1997年には20％強と，2015年調査とほぼ同じ水準にまで縮小した。1990年代初頭は出生率の低迷が大きく注目された時期であり，結婚への移行を遅延する女性が目立ち始めた時期である。学歴別にみると，「専業主婦」を理想とするような大卒女性は，1987年調査でも2割と少数であり，1997年には15％弱に縮小している。一方，独身男性が期待する女性のライフコースは，専業主婦コースが1987年には4割近くと高く，女性が理想とするコースを上回っていたが，その後，労働市場の変化によるものと思われるが急速に低下し，2005年調査以降は，妻に専業主婦コースを期待する男性は1割であり，女性の理想以上に下がっている。

つまり，男女ともに専業主婦のいる家族の形を望み，雇用慣行や社会保障が，こうした家族の形に見合っていて，結婚へと男女が向かっていったのは，1980年代までであった。1997年にはすでに理想は「両立」が18〜22歳女性の3割に，「再就職」が35％にと増加，女性たちは，社会的な活躍や復帰を求めていた。

しかし，そのような女性の意見が政策に本格的に取り入れられるのに，日本では長い時間がかかった。今現在でもまだ本格化はしていない。1980年代から90年代にかけて男女雇用機会均等法，育児・介護休業法等が施行されたが，子

どもを持った女性の多くが，第1子出産時には無職になる状況は2005年頃までは ほとんど変わらず続いた。これは職場が，子育てをしながら働ける環境へと変わらなかったからであろう。ようやく2010年頃より大学卒女性を中心に正社員の継続が増えていく。それでも2020年現在も第1子出産を境とした離職は少なくないとともに，働く女性が第2子を持つハードルも高い雇用環境がある。

　また労働市場に再参入する女性の多くにとって，良好な雇用機会が拡大しているとは言いがたい。たとえ非正規雇用で初職をはじめたとしても，その仕事で自立生計ができ，その後の人生を見通して自分で人的資本を磨けるような働き方になるよう，企業の雇用システムの在り方を導くことが重要である。また個人が自身のキャリアをどう磨けるのか，努力と選択ができるような見通しの良いシステムを作ることは日本の未来に重要である。

　この問題意識は政府にも共有されているのであろう。「同一労働同一賃金」の原則が2020年4月から大企業に，2021年4月からは中小企業にも導入されることになった。ただし「同一労働」の基準として，厚生労働省のガイドラインには，職務内容だけでなく「職務内容・配置の変更範囲」が例示されている。つまり長期雇用を前提に雇われた者と，有期雇用者との壁は，よほど思い切った政策を推進しない限り，まだしばらく厚いまま残りそうである。

　女性の大学教育投資が年々拡大しているが，大卒女性を含めて，女性が低収入にならざるを得ない状況は現在も続き，男女の年収格差はまだきわめて大きい。

　男性が主な稼ぎ手として世帯年収を規定し，女性は出産で離職していったん収入を失う者が半数以上を占め，その後低賃金にとどまるような労働市場が日本には現実にある。女性の婚姻への移行が遅れているのは，女性が，自分自身の仕事や自分の収入を確保しつつ，子どもを持つという選択が実行可能なものに見えていないからではないだろうか。第7章では，2050年においては，生涯未婚女性と離別女性は，有配偶女性や死別女性とそれぞれほぼ高齢期女性の3分の1程度となるという衝撃的な予想が出されている。このような変化に対して，今の社会保障はまるで対応しておらず，有配偶者以外は貧困になるだろう。

　大きく女性のライフコースが変化する中で，次世代育成を行える環境を整備

するには，法律婚か，同棲か，正社員か，非正社員かにかかわらず，子どもを持つ女性や男性に対して，子どもを育てるための手厚い支援と，就業を継続できる環境とが必要なのである。

雇用の在り方，すなわち総合職（旧男性職），一般職（旧女性職）の原型は今も一定以上残っている。また契約社員，派遣社員，未婚期のパートやアルバイトという形で雇用の多様化がすすむ一方，被扶養配偶者に対する社会保険料の免除と国民年金保険料納付者と同等な給付という，専業主婦世帯を基本とするような社会保障の在り方は今日まで続いている。

これから女性が安定した賃金を得られるだけスキルを磨き，安心した中高年期を迎えるためにはどうしたら良いのか，また男性の収入水準にかかわらず，雇用形態によらず，男女が次世代を育てることができる環境には何が必要か，具体的な政策が求められている。そのためには雇用慣行や社会保障の在り方を転換する必要がある。これまでは夫が世帯の主な稼ぎ手であり，妻は無職か家計補助的な役割の家族にとって望ましい雇用ルールが形づくられてきた。これは，夫婦ともに仕事を持ち，かつ，子育てをしている家族にとって望ましい雇用ルールの形とは大きく異なるだろう。前者であれば，夫には賃金保障がもっとも重要であるが，後者であれば，夫妻ともに時間の柔軟性が必要だからである。そのような雇用の在り方に変革をすすめるには，新たに日本社会で合意形成をすることが必要である。

次章以降では，それぞれのトピックについて詳細な分析・検証を行っていく。

参考文献

McDonald, P.（2000）"Gender Equity, Social Institutions and the Future of Fertility," *Journal of Population Research,* Vol.17(1), pp.1-16.

（永瀬伸子）

第1章　教育投資と大学進学の収益率

はじめに

　近年，日本では高等教育への進学率が高まっており，男女とも現在大学進学率は50％を超え，男女格差も縮小している。男女共同参画社会基本法（1999年施行）や女性活躍推進法（2016年施行）などにより，女性が社会で活躍する環境が充実し，女性の社会進出が進展している。しかしながら，女性は就業を継続する割合が男性よりも低く，生涯賃金では男性に見劣りし，大学教育の収益率には男女格差がある。

　女性のライフコースには結婚・出産の影響が大きく，出産後に専業主婦になる者，子育てが一段落してから再就職する者，就業継続する者など就業形態やライフパターンが多様であり，女子教育や家庭への考え方，希望も一律ではない。働き続けることが前提である男性とは大きく異なる点だ。しかし急速に少子高齢化が進む日本では，世界的に低い1人当たりの労働生産性を高めていくことが経済成長のカギとなり，男女を問わず教育の重要性が増している。教育によって人々の能力が高まり，能力の高い人材は持続的な経済成長の原動力となる。

　本章では，個人のライフコースにおける人生最初の選択ともいえる教育について，男女の違いによる現状に注目し今後の課題を検証する。人的投資，大学進学，学部進学などにおける男女の違いについて述べ，これまで男性の議論が中心であった大学教育の内部収益率について，女性との比較を試みる。

第1節　進学の現状と教育の選択

（1）高等教育機関への進学率の動向

　日本では，1908年に尋常小学校6年間が義務就学となり，女性の小学校就学率も上昇した。しかし，女子教育において多くの国民的支持を得た「良妻賢母」論は，「男子は仕事，女子は家事・育児」という男女の性別役割分業を前提としたものであった（斉藤 2014）。女子は，中等学校卒業後の雇用機会が少なく，ほとんどが結婚生活に入ることから，当時は女子の高等教育は時期尚早との考え方が根強かった。

　戦後，婦人参政権が実現し，新制中学校の義務化が女子教育のレベルを一挙に高めた。文部科学省『学校基本調査』によると，戦後の日本人の学歴は総じて低かったが，義務教育以降の進学率をみると，1970年代に高等学校への進学

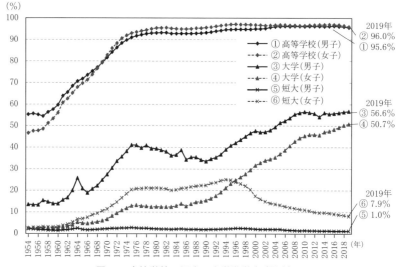

図 1-1　高等学校，短大，大学進学率（男女）

（資料）　文部科学省『学校基本調査』各年より作成.
（注）　高等学校進学率は，高等学校の通信制課程（本科）への進学者を除く. 大学（学部），短期大学（本科）への進学率は，大学学部・短期大学本科入学者数（過年度高卒者等を含む）を3年前の中学校卒業者及び中等教育学校前期課程修了者数で除した比率.

率は 90% を超え，2019 年には約 96%（通信課程の進学者も含めると約 99%）と男女のほぼ全員が進学している（**図 1-1**）。

　4 年制大学進学率は，1970 年半ばに男子は 40% に達したものの女子は 10% を超えた程度で高等教育進学の男女差は大きかった。その後，女子は 1980 年代までは大学よりも短大への進学希望が多かったが，短大進学率は 1994 年の 24.9% をピークに下落し，1996 年には大学進学率と逆転した。2019 年には男子が 56.6%，女子が 50.7% と約半数が大学に進学し，男女格差は縮小した。経済協力開発機構（OECD）諸国と比較すると，2018 年時点の日本で，25〜34 歳人口の 61% が高等教育（専門学校等を含む）を修了しており，OECD 平均の 44% を 17 ポイント上回っている。男女別にみても，日本の女性 64%，男性 58% は，OECD 平均の男性 38%，女性 51% に比べて上回っている（OECD『図表でみる教育 2019 年版』）。

　戦後，経済的な理由で高等教育への進学を断念してきた時代から，高度経済成長期に入り家計が豊かになり，子どもを高等学校や大学へ進学させることができる経済力を持つ家庭が増加した。バブル経済期には，女子の短大と大学の進学率の合計は男性の大学進学率に追いついた。しかし，橘木（2010）も指摘するように，4 年制大学に進学する女性は少なく，進学しても短大というのが当時の一般的な風潮だった。4 年制大学に進学すると短大に比べて卒業の年齢が高くなり，婚期の遅れを心配する声も多かった。女子は短大を出て若いうちに就職し，良い結婚相手を見つけて寿退社し，安定した家庭を築く「永久就職」が女の幸せだという考え方が浸透していたからだ。

　子どもの教育に関する親の意識についてみてみよう。国立社会保障・人口問題研究所『第 10 回出生動向基本調査（1992 年）』では，子どもに受けさせたい教育の程度について，「大学以上」と答える夫婦の割合は，男の子に対して 73.9%，女の子には 34.3% と，男子に高等教育を望む傾向がある。約 20 年後の第 15 回調査（2015 年）では，大学教育について，子どもが男の子の場合に 76.4%，女の子に対しては 59.2% の夫婦が「大学以上」の教育を望んでおり，この間女子の教育に対して大学進学を望む夫婦が約 25 ポイントも増え，親の意識

が大きく変化している。もっとも 2015 年時点でも，子どもの教育への親の考え方について，子どもの男女による格差は残っている。

　現在，女性の大学進学率が上昇する中で，女性自身も就業意欲が高まり，本格的に社会や企業で活躍する場面が増え，教育における男女格差は縮小しつつある。

(2) 学部・専攻別にみた男女の進路選択

　大学進学率の男女格差は縮小してきたものの，進路選択や大学の学部や専門分野の専攻には，いぜんとして男女差が大きい。文部科学省『学校基本調査』によると，2019 年の女子学生は人文科学（20.1％），社会科学（25.1％），薬学・看護学等（15.3％）を専攻する学生が多いのに対し，男子学生には社会科学（37.8％）や工学（22.6％）が多い（**図 1-2**）。

　時系列の動きを確認すると，1985 年に社会科学を専攻する学生の割合は，女子学生のうち 15.1％に対し，男子は 46.1％と多かったのが，2019 年には女子 25.1％，男子 37.8％と男女格差は縮小した。女子は，かつては文学部などに代表される人文科学の専攻が最も多かったが，近年は減少し社会科学や薬学・看護師などより実務的な職業につながる専攻が増えている。しかし，これに対し 2019 年に男子の 22.6％を占める工学の専攻は，女子はわずか 5％にも満たない状況である。理学，工学，医学・歯学，薬学・看護学等など理系学部をまとめると，男子の 38.3％，女子の 27.2％と約 10 ポイントの差がある。

　「高校在籍時の文理の志向」について，リクルート進学総研『高校生の進路選択に関する調査（進学センサス 2019）[(1)]』をみると，理系を志向する高校生は男子の 48.4％，女子の 32.0％という結果となっている。高校在籍時に理系を志向する女子が少ないことは，大学でリケジョ（理系女子）が少ない一つの要因として，実際の学部選択に表れているといえよう。この調査で，「文系か理系かを決めた時期」についての質問項目では，約 8 割が高校 1 年修了時までに文系か理系かの決定をしている。高校 2，3 年のクラス編成で文理が別クラスとなる学校が少なくなく，大学の学部について理系か文系かの進路選択を，事実上高校

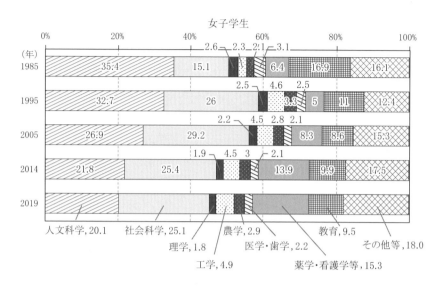

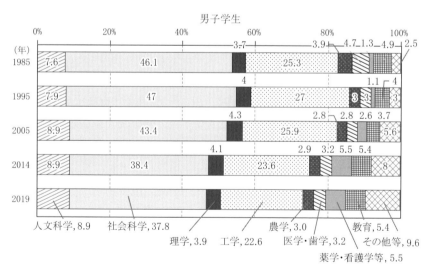

図 1-2　男女別にみた専攻分野の分布（男女）

（資料）　文部科学省『学校基本調査』各年より作成.
　（注）　その他等は,「家政」「芸術」「商船」および「その他等」の合計.

1 年修了時までに決定しているためだと考えられる。

(3) 男女の学力差について

　なぜ，理系を専攻する女子が少ないのだろうか。学力に男女差があるのだろうか。OECD『生徒の学習到達度調査（PISA）』で日本の 15 歳男女の学力を見てみよう。

　PISA とは，OECD 加盟国と非加盟国[(2)]の子どもたちの「読解力」「数的リテラシー」「科学的リテラシー」について，3 年ごとに調査したものである。この 3分野はいずれも，2009 年以降，日本は男女とも OECD 諸国の平均を上回っている。最も男女の学力差が大きいのは「読解力」であり，2018 年調査に参加した79 か国・地域全てで女子が男子よりも高い（**図 1-3**）。日本でも女子が 514 点（OECD 諸国で第 9 位），男子が 493 点（同第 8 位）と「読解力」は女子の方が21 ポイントも点数が高い。「数的リテラシー」は，日本では男子が 532 点，女子が 522 点で，男子の方が 10 ポイント高い。とはいえ，「数的リテラシー」は男子が OECD 諸国で第 5 位，女子が第 6 位と，男女とも世界のトップクラスである。「科学的リテラシー」は，2009 年は女子の方が高く，2018 年は男子が 531点，女子が 528 点と若干男子が高いが，大きな差はなく男女とも第 4 位である。OECD 諸国の平均を見ても，「科学的リテラシー」の男女差はほとんどない。

　PISA の 2003 年調査に言及した橘木（2008）は，当時の調査結果から男子は女子よりも生まれつき理数系に強いという通念は，現代では否定されていると指摘する。2018 年調査の結果をみても，この点は同様であろう。なお，橘木（2008）は理系を選択する女子が少ないことについて，女子が男子よりも読解力が高いことに注目している。つまり，男子は生まれつき理数系の能力が高いのではなく，語学や人文系の能力に欠けるので，消極的に理工系を専攻し，そういった仕事に就くのではないかというのが橘木の仮説である。さらに就職の面では，文系より理系の方が安定した求人があることから，男子に有利に作用したと指摘する。

　上記から，学部や専攻における男女差について，学力の男女差だけで説明す

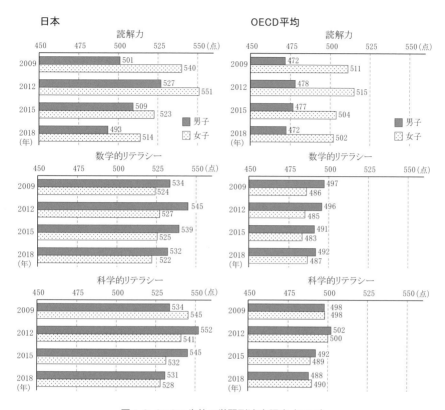

図1-3　OECD 生徒の学習到達度調査（PISA）

（資料）　OECD『生徒の学習到達度調査（PISA）』各年調査より作成.
（注）　義務教育修了段階の15歳児（日本では高校1年生）を対象に，読解力，数学的リテラシー，科学的リテラシーの3分野で，学習到達度を調査（3年ごと）.

るのは難しい。

　日本では教育分野における機会の男女差はない。[3] しかし，高校1年生修了時に文理の志向がある程度決定していること，理系科目の男女の学力差は大きくないといった結果を考慮すると，高校生よりも早い中学生から将来の進路選択について考える場が必要であろう。各大学はリケジョを増やすために，理系学部の面白さ，ゼミや就活の紹介など理系を専攻した後の生活や仕事をイメージしやすくするなど，中高生への働きかけや，理系の女性研究者への支援などに

取り組んでおり，今後女子の理系学部への進路選択が増えることが期待される。

（4）教育における進路選択

　これまでみてきた教育分野における男女の進路選択の違いはどのように生じるのだろうか。小，中学校の義務教育期間は，公立学校は男女共学であり，男女の選択が異なることは多くない。しかし高等学校以降の高等教育では，様々な基準によって男女で異なる進路を選択する機会も増える。都市部では私立学校志向が高まり，小学校や中学校から私立学校への進学といった選択肢も加わる。

　子どもの進学の選択の決定には，本人の能力・学力，意欲・努力，親の経済力，親の職業や学歴などの社会階層が大きく影響しているという（橘木 2010，矢野 2015）。高校生の進路決定で，学力については，中学 3 年生の成績が高いほど，国公立大学，浪人，海外の大学，私立大学，短期大学，専門学校，就職の順に選択している傾向があるという（小林 2008）。また，宮本（2020）では，OECD の PISA 調査を用いて，15 歳時点での日本の女子の職業アスピレーションが，他の OECD の先進国と比較して最も低いことを明らかにしている。PISA は 15 歳の調査時に生徒が 30 歳の頃に就くだろうと回答した職業を調べているが，これについて宮本は，国際威信尺度（International Socio-Economic Index：ISEI）という指標を適用して，ISEI スコアを算出している。例えば「清掃者」は 14 点，「弁護士」は 73 点というように ISEI スコアが高いほど国際的に威信が高い職業と位置付けられる。OECD の先進国の中で女子の ISEI スコアが，男子よりも低いのは，男子の 60 点に対して女子が 55 点という日本だけであり，ドイツやデンマーク，米国など他の先進国の女子は，男子より ISEI スコアが高く，70 点を超えている。宮本（2020）は，日本の女子の ISEI スコアの水準が低い要因は，男子より大学進学希望率が低いこと，加えて数学点の平均が男子よりも低いことによると分析している。ただし，日本の女子の数学の学力は，他国の男子を含め最上位にあるとも指摘している。

　家計所得については，橘木（2010）によると，大学進学率は年収 200 万円未満の家庭で 28.2％，600〜800 万円未満の家庭で 49.4％，1200 万円以上の家庭で

62.8％となっており，家庭の年収差が 4 年制大学への進学率に大きく影響しているという。日本では子どもの教育は親の役割だという意識が強く，家庭で教育費を負担することが一般的であり，家庭環境の影響を受けやすい。しかし教育費の負担は大きく，文部科学省（2019）の試算では，子ども 2 人が私立大学に通っている場合，勤労世帯 1 世帯当たりの平均可処分所得の 2 分の 1 近くを教育費が占めている。教育費の負担軽減に関して，専門学校，短大，大学へ進学する者に対し，2020 年度から授業料等減免と給付型奨学金を拡充し，低所得世帯の高等教育無償化を実施している。(4)

　進路選択における男女差について，橘木（2008）は，とくに女子の短大・大学への進学は，父親の職業に影響を受けていること，将来を考えて高等教育を受けさせたいという親の希望は女子より男子の方が強いことを指摘している。川口（2008）は，教育と就業におけるジェンダー格差は，本人の自発的な選択の結果として生まれるものと，機会の不平等（＝女性差別）によって生ずるものに分けて整理している。自発的な選択の結果から格差が生まれる理由として，生物学的性差，(5) 社会環境，経済合理的選択によって説明している。中でも社会環境仮説は，ジェンダーについての固定観念が男女の教育や職業の選択肢を制限する。男子は理系が得意だという思い込みによって，高校 1 年生で理系を選択する女子の割合が少ないとすると，これも社会環境による要因の 1 つであろう。女性はいずれ家庭を持ち離職の可能性があることも，比較的学費の高い理系の進路を選択しない要因の 1 つとなるとも考えられる。

　経済合理的選択仮説によれば，上記のような本人の能力や文理の嗜好の相違を前提とし，学費や親の経済力などを判断基準にして，また一定の将来の予測にたった上で，現在得られている情報の中で，人々が合理的な選択をした結果ジェンダー経済格差が生じるという。教育や職業，賃金の相違を理解する上で，人的資本理論，家計内生産理論などが有用な理論であり，これらによってジェンダー賃金格差の一部を説明できるという。つまり，能力や嗜好の性差は経済構造を通じてジェンダー経済格差になって表れるため，能力や嗜好の性差を前提（所与）としてどのような進路選択をするのかが重要になってくる。

第2節　人的資本と生涯賃金

(1) 人的資本理論

　なぜ人は高等教育を受けるのだろうか。高等教育や専門教育を受けることによって，知識や技能が身につき，職業の選択肢が広がり，将来，高い賃金の上昇が見込めるからだろう。人的資本とは，生産活動に寄与する知識，技能，能力の総称であり，「人的資本理論」では，学校教育や訓練によって，個人の人的資本が高まると考える。人的資本の概念は，1992年にノーベル経済学賞を受賞した経済学者ベッカー（Becker）等によって確立され，賃金格差を説明する際の有用な考え方である。教育を受けるための学費，職業訓練や資格取得などのコストは人的資本への投資とみなすことができる。

　人的資本理論では，教育によって生じた人的資本の差が，生産性の差であり，賃金にも影響する。したがって大学進学による期待収益が高いと判断する人は大学に進学するが，勉学が苦手であり，金融資産の期待収益の方が高い人であれば，進学せずに学費を預金した方が効率的である。高い人的資本がより高い収益率が見込めるのは，医師や弁護士といった職業でイメージできるだろう。個人にとっては，より高い収益率を得られることが望ましい。

　マクロ経済学の視点では，高い人的資本はイノベーションを促進し，資本と労働と同様に，経済成長に寄与する要因となる。したがって国の競争力や成長率を高めるためには，教育による人的資本を高めることが重要である。生産年齢人口が減少する中では，男性の労働力だけでは人手不足になり，女性や高齢者を含めた労働力（労働供給）が必要であり，教育によって高い人的資本を有する人材は男女を問わず経済成長に寄与する。

(2) 教育の便益と費用

　高等教育への進学は，教育の便益と費用を比較して個人が意思決定をするものであろう。大学進学の場合，教育の費用は学費や仕送りなどの直接費用と，

高卒後に進学せず大学在学期間中に働いていたら得られたであろう所得（機会費用）の合計になる。大学での勉学に伴う疲労などは非金銭的な費用となる。一方，大学進学の便益は，高卒者に比べて長期的な賃金上昇分が見込めるという金銭的便益と，大学進学の満足感や社会的地位の向上，人的ネットワークなどの非金銭的な便益がある。また，教育投資から得られる便益は，賃金上昇といった個人に帰属する私的な便益の他に，高い人的資本によるイノベーションを通じた経済成長など社会的な便益もある。将来の金銭的な便益と学費などの費用を比べ，便益の方が大きければ，大学進学の選択をすることになる。

これらトータルの便益と費用のバランスは，個人の能力やその後の職業や就業形態，また男女間や世代間によっても異なる。同じ教育投資を行ったとしても，人的資本の蓄積には個人差があり，異なる成果を得ることになる。

教育の便益について，大学進学の例をみてみよう。大学進学率が高まっている背景には，教育費用を負担できる経済力をもつ世帯が増えたことや，企業が質の高い人材を求めるようになってきたことなどがある。しかしバブル経済崩壊後，長期にわたるデフレで所得が伸び悩む中，家庭の教育費の負担は小さくはない。幼稚園から大学卒業までにかかる平均的な子ども1人当たりの教育費は，全て国公立でも約1千万円，全て私立だと約2,300万円にもなるという。それでも親が子どもに多額の教育投資をするのは，学歴が社会に出てからの職業や賃金に影響すると考えるからである。大学教育で蓄積された「知識」や「技

表 1-1 生涯賃金（学歴別，企業規模別，2017 年）

学歴別 （億円）

	中学卒	高校卒	高専・短大卒	大学・大学院卒
男性	2.02	2.11	2.16	2.69
女性	1.45	1.50	1.76	2.17

企業規模別（大学・大学院卒）

	企業規模計	1000人以上	100〜999人	10〜99人
男性	2.69	3.10	2.47	2.05
女性	2.17	2.55	2.04	1.72

（資料）労働政策研究・研修機構『ユースフル労働統計2019』.
（注）学校卒業後フルタイムの正社員を続けた場合の60歳までの生涯賃金（退職金を含めない）.『賃金構造基本統計調査』により推計.

能」によって労働生産性が高まり，企業はその高い生産性に対して高賃金を支払おうと考える。

厚生労働省『賃金構造基本統計調査』を用いた労働政策研究・研修機構の推計[7]によると，2017年の大学卒の男性の生涯賃金は2億6900万円で，高校卒より約5300万円高く，女性も約4100万円高く，学歴間の賃金格差が大きい（**表1-1**）。

同じ大学卒でも，女性の2億1700万円の生涯賃金は男性の約8割であり，男女格差が存在する。ただし，これは正社員で60歳まで働き続けた場合の生涯賃金であり，実際にこのような女性は多くない。女性の就業率が男性より低く，女性の就業者の半数以上が非正規社員であることから，就業者全体の生涯賃金の男女格差はさらに大きいであろう。また大学卒と高校卒の生涯賃金の差は，5千万円近くある。大卒者の就業期間が高校卒よりも4年間短く，この4年間に働いていたら得られたであろう賃金を放棄しても，大学卒の生涯賃金の方が高いこと示している。さらに大学進学には4年間の学費など約550万円の教育投資がかかるが，『賃金構造基本統計調査』でみた大学卒と高校卒の生涯賃金の数千万円の差から学費を支払っても，大学進学の金銭的便益は大きいといえる。

（3）女性の就業と雇用形態

では，女性が正規の職員として就業している割合はどのくらいなのか，総務省『就業構造基本調査』で確認しよう。2017年の15～64歳の有業率は，男性は83.3％，女性は68.5％である。女性の有業率は，5年間で約5ポイント上昇した。年齢階級別の有業率をみると，25～59歳の男性は90.3％，女性は81.2％で女性は5年間で約6ポイント上昇した。学歴別に無業者の割合をみると，高校卒，短大・専門等卒，大学卒の無業者比率は20～30％で大きな差はない。大学院卒の無業者比率は10％台と低く，若いほど働いている割合が高い。

次に15～64歳の女性の有業者について，有業者全体の正規職員比率は46.0％で，学歴別にみると小中学卒21.8％，高校卒35.4％，短大・専門等46.4％，大学卒64.3％，大学院卒74.8％と，高学歴になるほど正規職員の比率が高まる。さらに**図1-4**で，配偶関係別に比較すると，正規職員比率は，未婚女性全体が

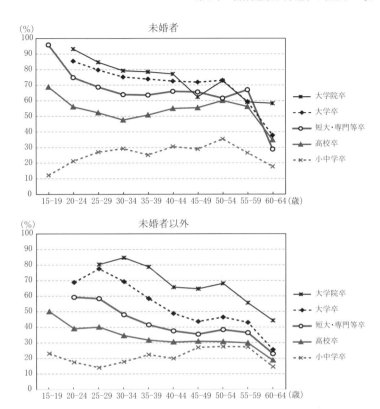

図1-4 教育，年齢階級別にみた雇用者に占める正規職員比率（2017年）

（資料）　総務省『平成29年就業構造基本調査』より筆者作成.
　（注）　「短大・専門等卒」は，短大卒，専門学校卒，高等専門学校卒の合計．正規職員比率は，
　　　　雇用者に占める割合.

66.4％，未婚者以外が37.1％と大きな差があるが，高学歴になるほど正規職員
比率が高いのは結婚の有無に関わらない。未婚者以外には離・死別も含むが，
多くが既婚者であり，年齢が高まるほど正規職員比率は下がるが，高学歴ほど
正規の比率は高い。大学進学率の高まりから，2017年時点で25〜29歳では大
卒女性が約4割を占め，30〜49歳では短大・専門等卒の女性が多い。[8] 正規職員
と非正規の賃金格差は大きく，教育の便益は高学歴であるほど大きいと考えら
れる。

　就業継続について国立社会保障・人口問題研究所『第 15 回出生動向基本調査』をみると，第 1 子出産前後の妻の就業状態については，前回調査よりも出産退職が減少し妊娠前の妻の就業率が 7 割超で推移している。第 1 子出産前後の就業継続者の割合は，2005〜09 年の 29.0％から 2010〜14 年の 38.3％へと 9 ポイント近く上昇しており，育児休業制度などを利用して就業継続する妻の割合が増えている。

(4) 企業，社会における教育訓練

　人は大学卒業後も，様々な教育訓練を通じて人的資本形成を行うことができる。企業内では，社内研修や職業訓練，実際の仕事をしながらの訓練である OJT（On-the-Job Training）を通じて能力が高まる。一方，仕事を離れて社外での訓練を OFF-JT（Off-the-Job Training）といい，語学学校や専門学校への通学によって実務に役立つ資格を取得するなど，自ら学び能力を高める場合もある。近年は，社会人になってから大学・大学院に進学し，経営や専門分野の知識を身につけ，昇進・転職するケースも珍しくない。

　厚生労働省『令和元年度能力開発基本調査』個人調査によると，2018 年度に会社を通して受講した OFF-JT の受講状況は，正社員の 43.8％が受講しているのに対し正社員以外は 20.5％である。男女別では男性の 42.6％，女性の 27.5％が OFF-JT を受講しており，正社員では企業規模が大きいほど受講割合が高い。OFF-JT による人的資本の蓄積は，雇用形態や性別，企業規模によって大きく異なり，これが将来的には男女の賃金格差や教育の収益率の格差にもつながっていくと考えられる。

第 3 節　大学進学の教育の収益率

(1) 男性の教育の収益率の動向

　教育投資の便益と費用について，教育の収益率をみてみよう。教育に投資を

するかどうかは，教育にかかる費用と教育から得られる便益を比較することになる。教育の費用は教育を受けるために必要な学費や，教育を受けるために働けないための逸失利益（機会費用）などであり，現在（もしくは近い将来に）発生する。これに対し，教育の便益は将来もしくは長期的に発生する収入や所得である。教育投資は，便益の受け取りに先行して費用の負担が生じるのが一般的だ。費用と便益は異時点で発生するため直接比較することはできない。そこで将来の貨幣単位で測られている便益と，現在の貨幣単位で測られている費用を，同一時点の貨幣単位に換算する必要がある。この時に用いられるのが教育投資の収益率という考え方である。計測方法は主に，内部収益率法とミンサー型収益率法の 2 種類がある。

　内部収益率法とは，大学の学費や大学に進学せず高卒で働いた場合に得られたであろう所得（大学教育の機会費用）などの教育費用の現在価値と，大学教育によって将来増加する所得の流列の現在価値とを等しくする割引率を算出することである。これによって算出される割引率を教育の収益率と呼ぶ。⁽⁹⁾

　一方，ミンサー型収益率法はミンサー型賃金関数に基づくもので，現在の賃金に対して教育年数や潜在経験年数がどれだけ影響があるかを，回帰分析により算出する。⁽¹⁰⁾教育年数の回帰係数は，各学校段階の平均収益率として解釈が可能である。つまり，回帰係数によって 1 年，2 年と教育年数が増えることでどれくらいの収入増になるかがわかるという考え方である。

　これらの計測方法を用いた教育の収益率に関する先行研究をみてみると，男性についての分析が多い。男性の就業率はどの年代も 9 割を超え，統計データが蓄積されているためである。一方，女性は就業を継続する者ばかりではなく，無業者やブランク後に再び就業する者も多い。M 字カーブに象徴されるように，結婚・出産によって退職する 20 歳代後半から 30 歳代の女性の就業率が低迷するなど，女性は結婚や子どもの有無によってライフコースが多様であり就業率も大きく異なるという特徴がある。川口（2011），浜田（2016）は，女性の場合は就業の意思決定を取り込まないと賃金構造の全体像が描きがたいと指摘している。

　内部収益率法による 60 歳未満の男性の大学進学の収益率は，島（2010）では 2009 年に私立大学で 7.1％，矢野（2015）では 2011 年の私立大学で 6.4％となっている。北條（2018）は，大学過剰論が根強いが，大卒学歴の収益率は時系列で 6〜7％程度で安定的に推移しているという。産業別に内部収益率を計測した田中（2010）の研究では，2003 年の内部収益率は金融・保険業が 9.48％，電気・ガス業が 8.92％と高い一方，建設業や卸・小売業が 4.1％と，産業によって明らかに格差が大きいことが示されている。[11]

（2）女性の教育の収益率の動向

　女性は大学卒業後正社員で働いても，結婚後に無業になったり，出産後パートなど非正規社員として働いたりするパターンが少なくない。矢野（2015）は，女子の教育プレミアムは男子よりも大きく，男子の短大卒の位置は大卒より高卒に近いが，女子の短大卒は大卒と高卒のほぼ中間に位置すると分析している。教育年数の効果について，佐野・安井（2009）は，『阪大パネル』（『くらしの好みと満足度に関するアンケート』）を使用し，女性の教育のリターンを推計した結果，中 3 時点の成績という能力変数や 15 歳時点の生活水準という家庭環境の変数といった個人属性を制御すると教育年数の係数が小さくなること，女性は母親の教育年数が長いほど本人の教育年数が長いという結果を得ている。

　女性のライフ・イベントに注目した研究には，日下田・矢野（2013）や遠藤・島（2019）がある。日下田・矢野（2013）では，女子の進路選択の前提として高校生の時のライフコース展望を考慮し，ライフコース別の生涯所得を推計し，本人の生涯所得を最大化する割引率を計測している。また女性の結婚の効用に着目すると，専業主婦を望む女性であっても，大学進学が常に合理的な選択であるという結論を得ている。これは学歴同類婚の傾向があり，専業主婦でも大卒であれば，夫も約 9 割が大卒であり，夫婦の生涯所得を加味して割引率を計測すると，大学進学が合理的な選択となるからだとしている。

　遠藤・島（2019）の研究では，**表 1-2** のとおりライフコースを①〜④の 4 つに分けて，女性の収益率を内部収益率法によって計測している。①は結婚・出

表 1-2　女性のライフコース別収益率

年齢（歳）	29	30	31	32	33	34	35	36	37	38	39	40	41	42	43	44	45
①就業継続								8.3									
②再就職（正社員）	−	−	−	8.1	7.9	7.6	7.4	7.2	7.0	6.8	6.5	6.3	6.1	5.8	5.6	5.4	5.1
③再就職（正社員以外）	−	−	−	4.3	4.1	3.9	3.7	3.5	3.3	3.1	2.9	2.7	2.5	2.3	2.1	1.9	1.7
④結婚・出産退職	−19.6	−14.9	−11.1	−8.2	−5.7	−3.7	−2.0	−0.6	0.6	1.6	2.5	3.3	3.9	4.5	5.0	5.4	5.8

（資料）遠藤さとみ・島一則（2019）「女子の高等教育投資収益率の変化と現状」より抜粋．
　（注）・①は，正社員として 60 歳まで就業継続した場合の 2014 年の収益率．
　　　　・②は，正社員として 30 歳まで就労後退職，一定期間の後，正社員として再就職し 60 歳まで就労した場合．再就職年齢別にみた収益率．
　　　　・③は，正社員として 30 歳まで就労後退職，一定期間の後，正社員以外として再就職し 60 歳まで就労した場合．再就職年齢別にみた収益率．
　　　　・④は，大卒後就労し，結婚・出産退職し，その後専業主婦に移行した場合．移行年齢別にみた収益率．
　　　　・データは，厚生労働省『賃金構造基本統計調査』，総務省『家計調査年報』，文部科学省『国公私立大学授業料等の推移』により算出．

産後も基本的に就業継続を続けた場合であり 8.3％と，男性の収益率の先行研究と比較しても高めの数字となっている。次に，②と③は，正社員として 30 歳まで就労後退職，一定期間をおいた後，再就職する場合である。②は正社員として再就職し，③は正社員以外で再就職し，ともに 60 歳まで就労した場合である。②の正社員として再就職する場合は，③の正社員以外で再就職するより 3.4〜3.8 イントポも収益率が高くなる。両者とも，休業期間が短く再就職の年齢が若いほど，収益率は高いことがわかる。

　④は，結婚・出産退職した後，専業主婦となる場合の大学進学の収益率であり，36 歳まで働かないと収益率はマイナスとなってしまい，教育投資した費用を回収できないことになる。37 歳以降なら結婚・出産退職しても，収益率はプラスに転じる。④は女性の期待収益のみから計測されているのに対し，大卒の専業主婦の収益率がプラスとなる結果を得ている日下田・矢野（2013）では，夫婦の生涯所得で計測している。大卒女性は学歴同類婚が多く，永瀬（2018）が指摘する通り，婚姻を通じて夫婦の生涯所得としては高収入を得ているためだと考えられる。

第4節　教育の内部収益率の計測

(1) 男女別の内部収益率の計測

　2007 年と 2017 年の男女，雇用形態別に，大学進学の教育の内部収益率を比較してみよう。賃金のデータは，厚生労働省『賃金構造基本統計調査』を用い，授業料等の費用は，文部科学省『国公私立大学の授業料等の推移』を使用した。

　大学に進学した場合の 4 年間の授業料等は，文部科学省『国公私立大学の授業料等の推移』によると，国立大学は 2007 年から 2017 年は変化していないが，私立大学の学費は，2007 年の 361 万円から 2017 年には 385 万円となり 24 万円上昇している。

　一方，その間の賃金は 10 年間で大きく上昇しておらず，各年齢の大卒から高卒の賃金を差し引いたものを積み上げた期待収益は減少している。厚生労働省『賃金構造基本統計調査』の賃金データは税引き前賃金であるため，総務省『家計調査年報』の勤労所得税と個人住民税を含む直接税のデータを用いて税引き後賃金を推計し，第3節にならい内部収益率を計測した[12]（**表 1-3**）。学費が上昇している一方，期待収益が減少しており，男女とも教育の内部収益率は，2007 年に比べて 2017 年は若干低下している。男性の一般労働者の多くを占める正社員の内部収益率は，国立大学は 2007 年の 7.1%から 2017 年には 5.8%に低下しており，私立大学では 6.5%から 5.3% に低下している。2007 年の国立大学の男性の 7.1%については，前述の島（2010）の 2009 年の男性 7.1%の計測と大きく乖離しない。私立大学と比較すると，やはり教育費用が安い国立大学の方が収益率は高くなる。

　女性については，正社員同士では男性よりも収益率は 2.6〜2.7%高い。女性の正社員の内部収益率は，2007 年から 2017 年にかけて，国立大学で 9.7%から 8.5%に，私立大学で 9.0%から 7.7%に下落した[13]。正社員以外の女性の内部収益率は，2007 年から 2017 年にかけて，国立大学で 5.8%から 4.6%に，私立大学で 5.1%から 3.8%となった。正社員以外の女性は，正社員よりも約 4%収益率

表 1-3　教育の内部収益率の比較

(万円)

		国　立			私　立		
		男	女		男	女	
		正社員	正社員	正社員以外	正社員	正社員	正社員以外
2007年 直接費用	教育費用	242.5	242.5	242.5	361.3	361.3	361.3
	機会費用	1009.9	945.8	774.5	1009.9	945.8	774.5
期待収益	(60歳まで)	5231.6	7219.9	2944.9	5231.6	7219.9	2944.9
内部収益率	(60歳まで)	7.1%	9.7%	5.8%	6.5%	9.0%	5.1%
2017年 直接費用	教育費用	242.5	242.5	242.5	385.2	385.2	385.2
	機会費用	1176.4	992.8	845.9	1176.4	992.8	845.9
期待収益	(60歳まで)	4907.6	5941.9	2436.6	4907.6	5941.9	2436.6
内部収益率	(60歳まで)	5.8%	8.5%	4.6%	5.3%	7.7%	3.8%

(資料)　文部科学省『国公私立大学の授業料等の推移』，厚生労働省『賃金構造基本統計調査』，総務省『家計調査年報』。
(注)　教育費用：授業料×4＋入学金
　　　機会費用：高卒後，4年間の正社員の所得（賞与含む税引き後の年間所得）
　　　期待収益：各年齢時の所得差額（大卒所得−高卒所得）の総計

が低く，同じ教育を受けた女性でも正社員と正社員以外の賃金格差が大きいことを示している。2014年のデータを用いて計測した遠藤・島（2019）でも，就業継続した場合の女性の教育の内部収益率は8.3％である。女性のライフコースを考慮し，正社員として30歳まで就労後退職，正社員として再就職した場合（表1-2の②）の内部収益率は32歳の再就職で8.1％，正社員以外で再就職した（表1-2の③）の内部収益率は32歳の再就職で4.3％であり，正社員とそれ以外では大きな格差があることが確認できる。

　雇用形態による賃金格差については，2020年4月から働き方改革の一つとして，正社員と非正規社員の不合理な待遇格差を解消し「同一労働同一賃金」が義務づけられている。これによって正社員と正社員以外の賃金格差が縮小することが期待されるが，その影響が明確になるにはもうしばらく時間を要する。原資が限られている企業にとって，同一労働同一賃金への対応は，正社員の賃金水準を下げることによって達成することも考えられる。

　なお，ここでの内部収益率の計測には，厚生労働省『賃金構造基本統計調査』

の一般労働者のデータを用いており，女性の多くを占める短時間労働者は含まれない。60歳まで働き続けた場合の内部収益率であるため，特に女性の場合は，60歳まで同じ雇用形態で就業継続しない人も多く，ライフコースが多様であることには留意が必要である。

(2) 医療分野の教育の内部収益率

　次に，医療分野の大学進学の教育の収益率についてみてみよう。医学部の卒業生は医師に，歯学部は歯科医師に，薬学部は薬剤師になるとして，男女の内部収益率を計測した。医学部と歯学部の教育期間は6年間であり，機会費用や期待収益も6年間在学するとして計算する。また医師や歯科医師になるためには国家試験を受験し合格する必要があり，受験費用やその他関連費用が発生し，中には資格を得られない者もいるだろうが，ここでは入学金と授業料のみを教育の費用とする。

　内部収益率の計測結果をみると，男女とも医学部は20％前後，歯学部は10％前後と著しく高いことがわかる。正社員の収益率に比べると，私立大学でも男性で約2倍，女性で約1.6倍であり，国立大学となると男性では3倍以上，女性で2倍以上となる（**表1-4**）。私立大学の医学部の教育費用は6年間で2,075万円，歯学部で2,108万円と私立大学における医師や歯科医師の養成には多大な費用の負担が生じるが，それにもかかわらず経済学的にみても有利な投資であることは荒井（1995）も指摘している。医師や歯科医師の養成には多大な教育費用がかかるために，供給量は政策的に決められている。さらに近年は，高齢化に伴う医療ニーズ（需要）の高まりなどを受け，文部科学省，厚生労働省，大学が連携し，2008年度から医学部の入学定員増員など，質の高い医療系人材を養成・確保に向けた取り組みを進めている（文部科学省『令和元年度文部科学白書』）。

　薬剤師の内部収益率は，女性は一般的な正社員より高いが，男性については正社員より1〜2％低い結果となった。女性にとっては，資格が必要な職業であり，他の職業に比べて賃金水準が高いのだろう。それを知ってか医療分野の学

表1-4　医療分野の教育の内部収益率の比較（2017年）

(万円)

		全体		医師(医学部)		歯科医師(歯学部)		薬剤師(薬学部)	
		男	女	男	女	男	女	男	女
国立									
直接費用	教育費用	242.5	242.5	349.7	349.7	349.7	349.7	242.5	242.5
	機会費用	1176.4	992.8	1799.6	1514.3	1799.6	1514.3	1176.4	992.8
期待収益	(60歳まで)	4907.6	5941.9	23275.7	21350.8	9756.4	10672.5	3066.2	5924.9
内部収益率	(60歳まで)	5.8%	8.5%	18.6%	20.8%	9.4%	12.0%	4.7%	10.5%
私立									
直接費用	教育費用	385.2	385.2	2074.6	2074.6	2107.5	2107.5	639.2	639.2
	機会費用	1176.4	992.8	1799.6	1514.3	1799.6	1514.3	1176.4	992.8
期待収益	(60歳まで)	4907.6	5941.9	23275.7	21350.8	9756.4	10672.5	3066.2	5924.9
内部収益率	(60歳まで)	5.3%	7.7%	11.6%	12.2%	5.0%	6.6%	3.1%	8.0%

（資料）　文部科学省『国公私立大学の授業料等の推移』，旺文社『29年度学費平均額』（学部別），厚生労働省『賃金構造基本統計調査』，総務省『家計調査年報』．

（注）　教育費用：国立大学の全学部および私立大学の全体は，文部科学省『国公私立大学の授業料等の推移』を用いて「授業料＊4＋入学金」として算出。私立大学は，旺文社『学部別授業料等』を用い，医学部・歯学部は「授業料＊5＋初年度納入金」，薬学部は「授業料＊3＋初年度納入金」として算出。ただし，学校教育法改正により2006年度から薬剤師養成のため薬学教育は6年生となっているが，2017年時点では4年制教育を受けた者の方が多いため，本稿では薬学部は4年として算出。
　　　機会費用：高卒後，4年間（もしくは6年間）の正社員の所得（賞与含む税引き後の年間所得）
　　　期待収益：各年齢時の所得差額（大卒所得－高卒所得）の総計

部にしめる女子学生の割合は，文部科学省『学校基本調査』によると，2018年度は医学部で33%，歯学部で42%，薬学部で60%である。

　医学部への入学については，2018年に医学部入学試験における女子差別の事(14)実が発覚した。入学試験における女子の受験生への不利な扱いが明らかになり，文部科学省は，全国の医学部をもつ大学への緊急調査を行い，9大学について不適切な事案があったと調査結果を報告した。

　なぜこのような不公正な入学試験が実施されたのか。長時間労働が常態化した医療現場では，女性が結婚や出産で職場を離れると人手不足となり，しわ寄せが現場に来るといった声が多い。それを避けるため，女性医師の採用を抑える，前段階として医学部の女子学生の入学を制限するといった点が指摘されている。公正な場であるはずの受験で，性別による対応の違いによる不適切な事案が生じたことは驚きである。長時間労働の是正やワーク・ライフ・バランスの

実現といった働き方改革は，医療分野においても大きな課題である。緊急性，必要性の高い業務内容を勘案すると，医師の仕事は時間管理が難しいが，それゆえ働き方改革が避けられない分野ともいえよう。医療分野に限らず，女性の進路選択に影響を与える一要因として，働きやすい職場の環境整備が求められる。

おわりに

　本章では，教育の進路選択における男女の差異と現状，高等教育への女子の進学率の高まりを踏まえ，男女の教育の内部収益率の計測と検証を行った。

　現在，日本の教育制度の上では男女格差はなくなり，大学進学率も男女とも50％を超えたが，高等教育における学部や専攻には男女の差異が存在する。理系科目の男女の学力差が大きくないこと，理系職場が安定した就職先だということが認知されれば，今後女子の理系分野への進学が増える可能性は大きい。教育の進路選択には，本人の学力，親の経済力，親の職業や学歴などが影響する。加えて，日本では高校1年生で理系か文系の進路選択を行う事が多い現実を踏まえると，宮本（2020）が指摘するように将来の進路の決定要因となる15歳時点の女子の職業アスピレーションを高めることが求められよう。女性が理系に向いていないという固定観念の打破も必要であり，女子中・高校生を対象とした「リケジョ」の体験や理系分野の魅力を紹介する公開授業など女性が理系学部の進路選択をしやすくなるような働きかけが重要になってくる。

　教育の費用と収益の視点からは，生涯賃金は男性の方が高いが，教育の内部収益率は女性の方が高いことが確認された。生涯賃金は男女とも高学歴なほど高く，どの学歴でも女性より男性の方が4〜6千万円高い。教育の内部収益率について，2007年と2017年のデータを用いて計測したところ，男女とも2007年に比べて2017年にかけて若干下落する結果となった。これは学費が上昇した一方，期待収益が減少していることが要因と考えられる。

　先行研究では男性の内部収益率は6〜7％で推移しており，本章で計測した

2007 年の国立大学で 7.1 %，私立大学で 6.5 % という結果は，先行研究と矛盾しない。しかし，それ以降の 2017 年の内部収益率を計測したところ，男性は国立大学で 5.8 %，私立大学で 5.3 % と若干下がっている。

　女性の内部収益率について，正社員の女性は，2017 年は国立大学で 8.5 %，私立大学は 7.7 % であり，2007 年から 2017 年にかけては 0.8〜1.2 ポイント下落している。正社員以外の内部収益率は正社員より約 4 ポイントも低い結果となった（2017 年の国立大学 4.6 %，私立大学 3.8 %）。2014 年のデータを用いて内部収益率を計測した遠藤・島（2019）でも，正社員で就業継続した場合の 8.3 % と，正社員で就労後退職し正社員以外で再就職した場合の 4.3 %[17] を比較すると，雇用形態によって収益率に差がでることが確認できる。

　医療分野の教育の内部収益率を計測したところ，医師や歯科医師の内部収益率は男女とも一般の正社員を大きく上回る。私立大学の医学部や歯学部は 6 年間の教育の費用が 2 千万円を超えるが，それでも医師・歯科医師の内部収益率は約 10〜20 % と水準が高いため，医学部や歯学部への入学が可能な学力と経済力がある場合は大きな収益が見込める。

　今後は，医療分野だけではなく他の学部や職業に関する教育の内部収益率の分析も課題である。就業を継続する女性が増えているが，結婚・出産といった様々なライフコースがあり得るなど，女性の教育の内部収益率の計測には，就業の意思決定やライフコースなど考慮すべき点が多岐にわたり，今後の研究の蓄積が期待される。

注

(1) 高校生の進路選択プロセス（行動・意識）の現状を把握することを目的に，2019 年 3 月 18 日〜4 月 11 日に質問紙による郵送法で調査を実施。調査対象は，2019 年に高校を卒業した全国の男女 50,000 人で，有効回答数は，2,819 人。2018 年度学校基本調査の「全日制・本科 3 年生生徒数（県別），中等教育学校後期課程 3 年生」を基にリクルートが保有するリスト（各種進学情報の会員リスト等）より調査対象とする数を抽出。

(2) 2018 年調査では，OECD 加盟国 37 カ国と非加盟国 42 カ国の 79 カ国に対して調査している。

(3)「家庭」の教科については，小学 5，6 年生では当初から男女共修であったものの，中学生と高校生は 1990 年半ばになってようやく男女共修となった（文部科学省 2002）「我が国の家庭科教育の経験と特徴」『国際教育協力懇談会資料集』資料 16）。

(4)「新しい経済政策パッケージ」（2017 年 12 月 8 日閣議決定），「経済財政運営と改革の基本方針 2018」（2018 年 6 月 15 日閣議決定）による。

(5) 生物学的性差仮説は，男女の脳の構造，機能やホルモンの違いが能力や思考の性差を生むとする。認知能力のうち男性は空間能力が高く，女性は言語能力が高いとされているが，脳の構造やホルモンの性差が認知能力の性差に結びついているかは明確ではない。

(6) 家計の教育費負担に対し，奨学金制度の利用が浸透し，日本学生支援機構および他の奨学金を利用している者の割合は 47.5％で，大学生の約半数を占める（日本学生支援機構『平成 30 年度学生生活調査』）。

(7) 生涯賃金の推計は，学校を卒業してただちに就職し，60 歳で退職するまでフルタイムの正社員を続けた場合について，現在の『賃金構造基本統計調査』の各年齢の平均賃金を合計して求めている。そのため，結婚や健康による勤続への影響や今後の賃金の変化は考慮していない。

(8) 小中学卒の女性は数％と 1 割にも満たない人数であり，大学院卒も未婚者で 2.6％，未婚者以外で 1.4％と全体に占める割合はわずかであることには注意を要する。

(9) 大学進学の教育の収益率の計測は，次の考え方に基づく。19〜22 歳は大学在学，23〜60 歳は就業とし，下記の左辺と右辺が等しくなるような割引率となる。

左辺：教育費用＝授業料等＋放棄所得（4 年間）

右辺：期待収益＝各年齢時の所得差額（大卒所得－高卒所得）の総計

$$\sum_{t=19}^{22} \frac{(\text{教育費用})_t}{(1+r)^{t-19}} = \sum_{t=23}^{60} \frac{(\text{期待収益})_t}{(1+r)^{t-19}}$$

(10) $\text{Ln}(W) = \beta_0 + \beta_1 S + \beta_2 X + \beta_3 X2 + u$

W：時間当たり賃金率，S：教育年数，X：潜在経験年数（学卒後経過年数）

U：誤差項（観察されない賃金決定要因）

回帰係数 β_1 は，各学校段階を通じた平均収益率となる。教育年数が追加的に 1

年長くなることによる賃金が，$\beta_1 \times 100\%$上昇する。学歴ダミー変数を説明変数とすると，学校段階別の収益率が計測可能となる。

(11) 私立大学で下宿の場合の内部収益率。

(12) 入学金や授業料以外の学費の費用や，在学中のアルバイト収入は考慮しない（あるいは，両者が相殺されると考える）。

(13) 女性の正社員，および正社員以外は，卒業後から正社員，正社員以外のまま変わらないとする。

(14) 発端は「文部科学省の幹部職員が大学入学者選抜に関し大学から便宜を受けたとして受託収賄容疑で逮捕・起訴され，行政の公正性に疑念を持たせる事態を生じさせた」ことであり，「大学の医学部医学科の入学者選抜において，特定の受験者の試験結果や，受験者の性別・年齢に応じた試験結果への加点が行われていたという，極めて不適切と考えられる事態が判明いたしました」という事態となった（文部科学省（2018）「医学部医学科の入学者選抜における公正確保等に係る緊急調査について」）。

(15) 厚生労働省では2019年7月に「第1回医師の働き方改革の推進に関する検討会」が開催され議論が続いている。

(16) 各年齢時の大卒と高卒の所得の差額の総計である期待収益が，男性よりも女性の方が大きいため，教育投資の合計の現在価値が男女で同じであれば，女性の収益率の方が高くなる。

(17) 正社員で30歳まで就労後退職し，32歳に正社員以外で再就職した場合（表1-2の③）。

参考文献

荒井一博（1995）『教育の経済学—大学進学行動の分析』有斐閣.

遠藤さとみ・島一則（2019）「女子の高等教育投資収益率の変化と現状」『生活経済学研究』Vol.49, pp.41-55.

川口章（2008）『ジェンダー経済格差』勁草書房.

川口大司（2011）「ミンサー型賃金関数の日本の労働市場への適用」RIETI Discussion Paper Series 11-J-026.

小林雅之（2008）『進学格差—深刻化する教育費負担』筑摩書房.

斉藤泰雄（2014）「教育における男女間格差の解消─日本の経験」『国立教育政策研究所紀要』第 143 集.

佐野晋平・安井健吾（2009）「日本における教育のリターンの推計」『国民経済雑誌』第 200 巻第 5 号.

島一則（2010）「男子の大学収益率の時系列変動」『私学高等教育データブック 2010』私学高等教育研究所 , pp.117-120.

島一則（2013）「教育投資収益率研究の現状と課題─海外・国内の先行研究の比較から」『大学経営政策研究』第 3 号.

橘木俊詔（2008）『女女格差』東洋経済新報社.

橘木俊詔（2010）『日本の教育格差』岩波書店.

田中寧（2010）「内部収益率のバリエーションと大学進学の経済的メリットの再考察」『京都産業大学論集 社会科学系列』Vol.27.

永瀬伸子（2018）「教育費の無償化を問う：「労働力調査」から推計した所得十分位から教育投資と雇用を考える」『統計』Vol.69 (2).

浜田浩児（2016）「近年の賃金格差の要因分解─雇用形態，学歴，経験年数，勤続年数の寄与」『生活経済学研究』Vol.43.

日下田岳史・矢野眞和（2013）「女子高校生のライフコース展望からみた進路選択の差異とその合理性」『東京大学大学院教育学研究科紀要』Vol.53.

北條雅一（2018）「学歴収益率についての研究の現状と課題」『日本労働研究雑誌』No.694.

宮本香織（2020）「高校生の職業アスピレーションの男女差─PISA を用いた国際比較」『人間文化創成科学論叢』第 22 巻.

文部科学省（1981）「六 戦後の教育改革」『学制百年史』, https://www.mext.go.jp/b_menu/hakusho/html/others/detail/1317571.htm（2020 年 3 月 20 日確認）.

文部科学省（2009）『平成 21 年度文部科学白書』.

文部科学省（2019）『令和元年度文部科学白書』.

矢野眞和（2015）『大学の条件─大衆化と市場化の経済分析』東京大学出版会.

（長町理恵子）

第2章　女性のライフコースと配偶者サーチ

はじめに

　1994 年に 4 省庁（文部省・厚生省・労働省・建設省）で合意された「今後の子育て支援のための施策の基本的方向について」（エンゼルプラン）を皮切りに，これまで様々な次世代育成支援策が講じられてきた。その結果，女性が働きやすい職場環境は政策的に整えられつつあり，結婚・出産を通しても働き続けることが以前よりは容易になりつつある。しかしながら，近年では女性の結婚について，結婚の意思はあるものの，生涯未婚率と平均初婚年齢が上昇しているという非婚化・晩婚化の現象が依然として生じている。この背景には，就業継続が容易になったとはいえ，いまだに仕事か家庭かという選択に女性が直面している現状が存在するものと考えられる。そこで本章では，女性における仕事と結婚の関係がどうなっているのかを，配偶者サーチ理論をベースにした実証分析を行うことで，明らかにしていく。

第 1 節　晩婚，非婚化，仕事の現状

　ここでは，女性の結婚と仕事がこれまでどのような推移を描いているのか簡単に確認する。図 2-1 は，15～49 歳女性の労働力率と平均初婚年齢の推移を示している。両数値とも 1980 年以降，上昇を続けており，2017 年には労働力率は 69.9％に，平均初婚年齢は 29.4 歳に達している。平均初婚年齢は 2014 年で

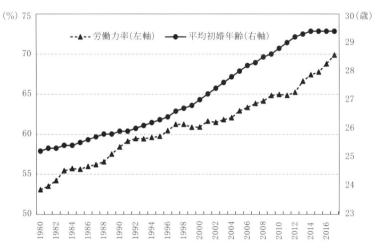

図 2-1　女性（15〜49 歳）の労働力率と平均初婚年齢の推移（1980〜2017 年）
（資料）『労働力調査』（総務省），『人口動態統計』（厚生労働省）．

　頭打ちになっているように見える一方，女性の労働力は 2012 年を境に急激に上昇していることも見て取れる。女性の労働力が急増しているのに対して初婚年齢がほぼ上昇していないことは，その裏で結婚を選択しない女性が増加していることも示唆している。そこで，国立社会保障・人口問題研究所の「人口統計資料集（2018）」で女性の生涯未婚率を確認すると，1980 年の 4.45% から 2000 年に 5.82%，2010 年には 10.61%，そして 2015 年には 14.06% と近年の増加幅が大きくなっている。[1] ここであげた平均初婚年齢と生涯未婚率は対象となっている世代にずれがあるものの，女性の労働力としての社会進出と同時に，晩婚化・非婚化が生じ続け，その傾向はより強くなっていることがうかがえる。

　こうした状況の中，女性の結婚したいという意思はそれほど弱くなっていないことも指摘されている。国立社会保障・人口問題研究所（2017）『第 15 回（2015 年）出生動向基本調査』の独身者調査によれば，18〜34 歳の未婚女性のうち，89.3% がいずれ結婚するつもりと回答しており，ほぼ 9 割の未婚女性が結婚の意思を示している。この数値は第 9 回調査（1987 年）の 92.9% から 4 ポイント弱程度しか減少していない。したがって，この間，女性は比較的強い結

婚意思を持ちつつも，実際に結婚するタイミングは遅く，結婚自体もしなくなっていることがうかがえる。この背景として，女性の高学歴化や労働力化によって，女性のライフコースの選択が，かつての専業主婦志向やパートタイムとしての共働き志向といったものから，フルタイムとして仕事を継続する選択肢も加わり，仕事と家族という選択に女性があらためて直面していると考えられる。

　また，別の見方をすれば，仕事での一定の成功を求めつつ，配偶者（パートナー）を探している女性が増加していることも考えられる。女性が働きやすい環境が整えられつつあるものの，男性の性別役割意識が依然として強く，企業の雇用慣行にもそうしたものが残り続けていれば，配偶者探しは失敗に終わる可能性が高い。そうした配偶者探しの不調が平均初婚年齢，生涯未婚率の上昇として観察されているとも考えられる。こうした現状認識が妥当なものかを明らかにするための分析ツールとして，配偶者サーチ・モデルというものがある。この配偶者サーチ・モデルの視点から，女性の直面している仕事か家庭かの選択について分析を行うこととする。

第2節　配偶者サーチ・モデルの理論

　配偶者サーチ・モデルとは，その名のとおり配偶者探しについて理論的考察を行うためのツールである。このモデルでは，配偶者サーチの過程において，どのような要因が結果としての結婚を遅らせるのか，早めるのか，別の言い方をすると結婚しない状態の人を増やすのか減らすのかを考察する。この配偶者サーチ・モデルと呼ばれるものは，労働市場におけるジョブ・サーチ・モデル（仕事探しモデル）を，結婚市場における配偶者探しに応用したものである。

　それでは最初に Ehrenberg and Smith（2009）を参考に，ジョブ・サーチ・モデルについて簡単に説明しよう。ジョブ・サーチ・モデルにおいて，仕事のない労働者は情報の不確実性の中で仕事を探す。すなわち，労働市場においては無数の企業が様々な賃金の仕事を提示しているが，労働者はその全てを認識で

きるわけではなく，労働者が最も良いと考える仕事を見つけるには時間がかかる。こうした仕事探し中の労働者には留保賃金（最低でも欲しい賃金水準）があると考えられる。提示された（あるいは見つけた）仕事の賃金が留保賃金を上回れば，その仕事を受け，下回れば断ることになる。また，提示された仕事の賃金が留保賃金を上回ったとしても，さらにサーチを続けることでより良い賃金の仕事が見つかる可能性が高いというベネフィットが，サーチを続けることによるコストを上回れば，さらにサーチを続けることになる。企業から提示される仕事の賃金がある分布をしているとすると，留保賃金が高い場合には，受け入れることのできる仕事を見つけることは難しく，サーチ期間は伸び，失業状態でいる人たちは増えることになる。この留保賃金は，その人の人的資本（学歴，スキル，経験など）の関数と考えられ，豊富な人的資本を持つ人の留保賃金は高くなると考えられる。

　それでは配偶者サーチ・モデルを女性の視点から考えてみよう。結婚市場においても，どのような配偶者（候補）に出会えるのかは情報が不足しており，より良い配偶者に出会うためには一定の時間をかける必要がある。ただし，時間をかけすぎた場合には年齢は上昇し，子どもを持ちにくくなることなどを通して，結婚の確率が低くなることも考えられ，必ずしも長い時間をかけることが最適とはならない。配偶者探しをする際には，一定の水準を満たす配偶者を探すことになるが，この水準のことを留保水準と呼ぶことにする。正規職を持つ女性で結婚・出産を経てもキャリアを維持したいと考えている場合，それに対して理解があり，サポートしてくれる男性を探す必要があり，現状の日本においてこれは高い留保水準を持つことを意味する。また，そうしたキャリアをあきらめても，それを埋め合わせることのできる経済力を持つ男性との結婚を考えれば，そうした男性は希少であり，こちらも留保水準は高くなる。実際，国立社会保障・人口問題研究所（2017）によれば，未婚女性が結婚相手に求めるものとして人柄のほか，家事・育児の能力，仕事への理解，経済力などが重視されている。したがって，こうした留保水準の高さは，サーチ期間の延長，そして未婚確率の増加につながる。ただし，男性が女性に何を求めるのかによっ

ても影響は異なるだろう。例えば，女性にも一定の収入を期待するのであれば，
正規職の継続希望を持つ場合には配偶者を見つけやすくなるとも考えられる。
また，初職で正規職に就いた女性のほうが，非正規職や無職と比べて身の回り
にいる男性の収入は高めになるため，結婚確率が上がることも考えられる。さ
らに，育ってきた環境として裕福な家庭で育ってきた場合，同様の水準を配偶
者に求めるとすれば留保水準は高くなる。これらの条件のほかにも，結婚への
願望が強い場合には留保水準が下がり，結婚する確率が高まる可能性がある。

　配偶者サーチでは，コスト面も考慮するが，例えば結婚情報サービスなどを
利用した場合は直接的に費用がかかる。また，例えば趣味を重視した生活をし
ている場合，配偶者サーチにあてる時間は趣味の時間を失っていることを意味
し，こうした面もコストとして反映されるだろう。また，配偶者候補との出会
いを考えれば，同世代の人口の多い都市部では出会いの頻度は多く，地方在住
に比べてコストは低くなると考えられる。

　以上のように，女性自身は自身が持つ留保水準をもとに，様々な水準の配偶
者候補と出会いつつ，サーチを続けることのベネフィット（より良い配偶者候
補が見つかるかもしれない）と，サーチにかかるコストを比べ，サーチを行う
かどうかを決定する。本章では，こうした要因をできるだけ具体的な変数とし
て分析に用い，結婚の決定にどう影響するかを確認する。

第 3 節　配偶者サーチに関連する先行研究

　ジョブ・サーチ・モデルを配偶者サーチ・モデルに応用し，実証的な分析を
初めて行ったのが Keeley（1977）である。Keeley（1977）は，Mortensen（1970）
のジョブ・サーチ・モデルをベースにして，結婚行動における配偶者サーチに
ついて実証分析を行なっている。また，Keeley（1979）はさらにサーチ理論に
忠実な実証分析を行っている。Keeley のこれらの論文では，配偶者サーチ・モ
デルの示唆する各種要因の影響とおおむね整合的な結果（例えば，都会化は女

性の結婚を遅くするなど）が得られている。

　配偶者サーチ・モデルを明示的に取り上げた日本についての実証研究をいくつか紹介する。出島は（2004）は，Keeley（1977）に改良を加えた Boulier and Rozenzweig（1984）の研究をベースとした分析を行っている。データには，『平成9年国民生活基礎調査』（厚生省）とその付帯調査『平成9年結婚と出生・育児に関する基礎調査』（厚生省）から得られた337組の夫婦情報を用いて，女性の結婚について分析している。配偶者サーチ・モデルによれば，配偶者探しの便益が高いほどサーチ期間が長くなることが予想されたが，結果は逆に，結婚年齢が高まるほど配偶者の賃金率が低くなるというが得られている。その一方，未婚者の男女比率（男性／女性）はジョブ・サーチにおける求人倍率にあたり，高いほど結婚年齢が低いという整合的な結果も得られている。森田（2008）は，Ermisch（2003）の配偶者サーチ・モデルをベースに，2008年に行われた独自調査データを用いて分析している。理論的には父親と同居している場合には相手に求める所得水準が高くなり，結婚確率が低くなると予想されたが，推定結果からは逆に結婚確率が高くなるという整合的でない結果が得られている。一方で夫に希望する所得が高いと結婚確率が低くなるなど，整合的な結果も得られている。最後に Sasaki（2017）は，1992年から2012年までの『就業構造基本調査』（総務省統計局）の個票を用いて分析し，男性の低所得層の賃金のばらつきが大きくなると，女性の結婚確率が低くなることを明らかにしている。この結果は配偶者サーチ・モデルに整合的である。

　以上で示したように，日本についての分析では，結婚行動を説明する上で配偶者サーチ・モデルは一定の説明力を持つことがわかる。こうした研究で欠けている視点として，女性の就労がより一般化する中で，将来の仕事に対する意向が考慮されていないことがあげられる。配偶者を探す上で，女性自身の仕事面での将来設計は重要な要素であり，サーチ行動に大きな影響を与えると考えられる。そこで，女性の将来の仕事意向が結婚に与える影響を明らかにすることで，新たな知見を得ることが本章の貢献である。

第4節　分析方法

(1) データと分析対象

　本章では，「東大社研・若年パネル調査（JLPS-Y）wave1-8, 2007-2014」を使用する。同調査は，2006年12月末時点で20〜34歳であった日本全国に居住する男女を対象に，2007年1月から毎年同じ対象に質問を行っている。調査内容としては，職業，家族，教育，意識，健康など多様な項目についてその変化を追跡している。特に初職や現職，今後の働き方に関する希望のほか，仕事の過去，現在について豊富な情報を有しており，本章の分析に適したデータとなっている。サンプルサイズも十分であり，第1回の調査であるWave1での有効回収数は男女合わせて3,367（回収率34.5％）で，Wave8でも継続している対象は1,989となっている。

　本研究では，Wave1時点で未婚であった男女を対象に，その後の7年間の結婚・未婚継続といった行動が，配偶者サーチ・モデルで示唆される要因からどう影響を受けるのか分析する。したがってWave1時点で配偶者がいる，あるいは離死別している対象は分析からは除かれる。また，Wave1時点で学生であった回答者も，推定からは除かれている。結果として後で行う推定では，女性のサンプルサイズが3,535，男性が3,687となっている。パネル調査では脱落（調査途中で回答しなくなる）があるため，当初の個人数×8という単純なサンプルサイズとはなっていない。

(2) 配偶者サーチ・モデルのデータ分析に用いる要因

1) 配偶者サーチの結果（成果）としての結婚の有無

　本章では結婚の有無（未婚＝0，既婚＝1）を，配偶者サーチの結果を示すものとして使用する。本章ではWave1時点で未婚であった対象を用い，その後，どのような要因が既婚の発生に影響するかを推定する。なお，調査票では「1. 未婚，2. 既婚（配偶者あり），3. 死別，4. 離別」という4つの選択肢となってい

52

る。言葉の概念として既婚は死別と離別を含むが，ここでの既婚とは質問票での既婚（配偶者あり）を表している。

2）配偶者サーチに影響すると考えられる要因

　配偶者サーチモデルの変数として考えられるのは，Wave，Wave1 時点での 10 年後の働き方の希望，初職，回答者の過去 1 年間の収入，最終学歴，15 歳時点の暮らし向き，Wave1 時点の年齢，Wave1 時点の居住都市規模である。本章では比較として男性の結婚についても分析するが，以下では，各変数の説明と女性の配偶者サーチの観点から予測される影響について述べる。

　Wave は，個人属性の影響とは別に，サンプル全体として時間の経過によって結婚確率が増減することをコントロールする変数である。別の言い方をすると，後で説明するベースラインハザードと呼ばれるものである。ここでは時間の経過とともに結婚確率が高まり，その後は確率が低下していくという 2 次関数のベースラインハザードを想定して，1 次項と 2 次項を使用する。

　Wave1 時点での 10 年後の働き方の希望は，留保水準を通じて配偶者サーチに影響すると考えられる。正規で働きたい場合，夫に就業継続の理解，家事・育児への協力を求めることで留保水準があがり，結婚確率は低下すると予測される。非正規・専業主婦（夫）でいたい場合も，夫に高い経済力を求めることで留保水準は上がると考えられるが，同時に結婚願望の強さも意味している可能性もあり，その場合は留保水準は下がるとも考えられ，結婚確率への影響はどちらの影響が強いかに依存する。本章では質問票の選択肢から，次の 4 つにまとめた希望の影響を確認する。すなわち，「正規で働きたい」，「起業・自営したい」，「非正規・専業主婦（夫）でいたい」，「わからない」である[(2)]。

　初職は，留保水準や男性の収入分布を通じて配偶者サーチに影響すると考えられる。初職の影響としては，正規職に就いた場合，10 年後の働き方の希望と同様に，留保水準が高まり，結婚確率は下がると考えられる。ただし，職場で留保水準を上回る経済水準の高い相手に出会いやすいことも考えられ，その場合，結婚確率は上がると考えられる。非正規や職に就いたことがない場合は，結婚・出産によって失われる収入の低さから留保水準を下げ，結婚確率は高ま

ると考えられる。自営等についても就業継続が容易であるため、留保水準は低くなり、結婚確率が高まると予測される。非正規や無職の場合、身近に経済力の高い男性が少ないことで結婚確率が低くなる可能性もある。質問票の選択肢から、本章では「正規」、「非正規」、「自営等」、「職に就いたことはない」の影響を確認する。[3]

　女性本人の年収が高い場合には、出産・育児における機会費用を埋め合わせるために留保水準が高くなることが考えられ、結婚確率は下がると予想される。ただし、本章では回答者の過去 1 年間の収入を使用するため、結婚の前年に退職したり非正規に移ったりしていることによる逆の因果関係も考えられるため、解釈には注意が必要である。また、結婚市場において男性が稼得能力の高い女性を求めているとすれば、結婚確率を上げる効果も考えられる。データの分布から、「なし～75 万円未満」、「75 万円以上 250 万円未満」、「250 万円以上 450 万円未満」「450 万円以上」、「わからない・無回答」の 5 つにまとめて使用する。[4]

　学歴の高さは年収と同様に、留保水準を高くするため、結婚確率を引き下げると予想される。年収と同様に、結婚確率を上げる効果も考えられる。学歴は、「中学・高校」、「専門・短大・高専」、「大学・大学院」の影響を確認する。[5]

　15 時点の暮らし向きが豊かだった場合、自身の結婚生活においても豊かさを求めると考えられ、豊かであるほど、留保水準が上がり、結婚確率が低くなると予想される。ここでは「豊か」、「ふつう」、「貧しい」の影響を確認する。

　年齢の高さは、女性にとっては妊孕力という観点から、留保水準を引き下げ、結婚確率を上げる可能性があるが、男性の視点も考慮すると、一定の年齢を超えると結婚確率は下がると考えられる。そこで、Wave1 時点の年齢として、「21～25 歳」、「26～30 歳」、「31～35 歳」の 3 つのカテゴリーを使用し、逆 U 字の関係が見られるか確認する。

　大都市に住んでいる場合は、出会いの多さ、容易さから配偶者サーチコストは低くなり、サーチを継続するメリットが増加するため、結婚確率は下がると予想される。Wave1 時点の居住都市規模はデータ上、「16 大市」、「20 万以上市」、「その他市」、「町村」にまとめられており、そのまま用いる。

以上の本章で使用する変数の記述統計を**表 2-1** にまとめた。男性の初職につい
ては，職に就いたことがないという回答者がいなかったため空欄となっている。

3）推定方法

本章では，当初未婚であった女性のうち，どのような特徴（10 年後の働き方
の希望や学歴など）を持った人が，配偶者を見つけやすい（見つけにくい），つ
まり結婚しやすい（結婚しにくい）のかを分析する。そのためにイベントヒス

表 2-1　記述統計

	女性(N=3535)				男性(N=3687)			
	平均	標準偏差	最小	最大	平均	標準偏差	最小	最大
Wave	3.6880	2.2262	1	8	3.7480	2.2876	1	8
Wave1時点: 10年後の働き方								
正規で働きたい	0.3853	0.4867	0	1	0.6352	0.4814	0	1
起業・自営したい	0.1409	0.3479	0	1	0.2658	0.4418	0	1
非正規・専業主婦(夫)でいたい	0.3723	0.4835	0	1	0.0274	0.1632	0	1
わからない	0.1016	0.3021	0	1	0.0716	0.2579	0	1
初職								
正規	0.6549	0.4755	0	1	0.7114	0.4532	0	1
非正規	0.3180	0.4658	0	1	0.2449	0.4301	0	1
自営等	0.0079	0.0887	0	1	0.0437	0.2044	0	1
職に就いたことがない	0.0192	0.1374	0	1				
回答者の過去1年間の収入								
なし〜75万円未満	0.0832	0.2762	0	1	0.0654	0.2472	0	1
75万円以上250万円未満	0.4277	0.4948	0	1	0.2612	0.4393	0	1
250万円以上450万円未満	0.3423	0.4745	0	1	0.4614	0.4986	0	1
450万円以上	0.0744	0.2625	0	1	0.1505	0.3576	0	1
わからない・無回答	0.0724	0.2592	0	1	0.0616	0.2404	0	1
最終学歴								
中学・高校	0.2204	0.4146	0	1	0.3135	0.4640	0	1
専門・短大・高専	0.4283	0.4949	0	1	0.2365	0.4250	0	1
大学・大学院	0.3513	0.4775	0	1	0.4500	0.4976	0	1
15歳時点の暮らし向き								
豊か	0.2521	0.4343	0	1	0.2116	0.4085	0	1
ふつう	0.6223	0.4849	0	1	0.6398	0.4801	0	1
貧しい	0.1256	0.3314	0	1	0.1486	0.3558	0	1
Wave1時点: 年齢								
21〜25歳	0.3638	0.4812	0	1	0.2495	0.4328	0	1
26〜30歳	0.3960	0.4891	0	1	0.3542	0.4783	0	1
31〜35歳	0.2402	0.4272	0	1	0.3963	0.4892	0	1
Wave1時点: 居住都市規模								
16大市	0.3355	0.4722	0	1	0.4296	0.4951	0	1
20万以上市	0.2504	0.4333	0	1	0.1871	0.3901	0	1
その他市	0.3225	0.4675	0	1	0.3035	0.4598	0	1
町村	0.0917	0.2886	0	1	0.0797	0.2709	0	1

トリー分析を行う。この分析方法は，どのような要因が，あるイベント（本章では結婚すること）が発生するまでの時間の長さ，別の言い方をすれば発生確率に影響するかを明らかにするものである。通常，こうした分析では連続量としての時間を想定する。すなわち，観察開始から 1 年 3 ヶ月と 10 日で結婚したなど細かい情報を考えるが，1 年に 1 回だけ調査される本パネル調査では，毎年の調査時点で結婚しているか否かがわかるだけであり，観察開始からの経過期間は 1 年，2 年，3 年と離散的になる。そのため，離散型のデータに対応した離散時間ロジットモデルを本章では使用する。

　以下では，Yamaguchi（1991）に基づいて離散時間ロジットモデルについて簡単に解説する。母集団において，ある時点 t_i でイベントが発生する確率を $f(t_i)$，ある時点までイベントを経験せずにいる確率を $S(t_i)$ とすると，ハザードは（1）式のように定義される。

$$\lambda_i = \frac{f(t_i)}{S(t_i)} \tag{1}$$

　ある年齢まで結婚しなかった対象が，その年齢で結婚する確率が（結婚）ハザードと呼ばれるものであり，初期時点の母集団に対し，累計でどの程度の対象が結婚をしているかを測る指標である有配偶率とは異なる。ここで，ロジットモデルの考え方を使って，ハザードのオッズを取ると（2）式のように示すことができる。

$$\frac{\lambda(t_i; \mathbf{X})}{1 - \lambda(t_i; \mathbf{X})} = \frac{\lambda_0(t_i)}{1 - \lambda_0(t_i)} \exp\left(\sum_k \beta_k X_k\right) \tag{2}$$

　ここで $\lambda(t_i; \mathbf{X})$ は，ある時点 t_i においてイベントが発生する条件付き（独立変数のベクトル $\mathbf{X}$ でコントロールした場合の）確率である。$\lambda_0(t_i)$ はベースラインハザードである。(2) 式の両辺の対数をとると以下の（3）式のようになる。

$$\ln\left(\frac{\lambda(t_i; \mathbf{X})}{1 - \lambda(t_i; \mathbf{X})}\right) = \alpha_i + \sum_k \beta_k X_k \tag{3}$$

　ここで $\alpha_i = \ln\left[\frac{\lambda_0(t_i)}{1 - \lambda_0(t_i)}\right]$ はベースラインハザードの対数オッズで，時間の経過によってイベントの発生がどのように推移するかを示している。本章の推定

では時間変数（Wave）に置き換えられる。なお，推定される係数 β_k はハザードの対数オッズへの影響であるため，解釈するのは難しい。そこで $\exp(\beta_k)$ というような計算をすることで（2）式の形に戻して解釈する。そして，例えばダミー変数の独立変数では，ベースカテゴリー（0）に比べて，あるカテゴリー（1）ではハザードのオッズが $\exp(\beta_k)$ 倍になる，と表現することになる。ハザードのオッズが何倍というのは具体的には理解が難しいかもしれないが，簡単に言えば結婚確率が $\exp(\beta_k)$ 倍になるということである。なお，β_k が正であれば，$\exp(\beta_k)$ は 1 より大きくなり，結婚の発生確率がベースカテゴリーに比べて高まり，β_k が負であれば $\exp(\beta_k)$ は 1 より小さくなり，結婚確率が低くなることを意味している。

第 5 節　離散時間ロジットモデルによる推定結果

　本節では，メインの分析として男女別の推定を行うが，配偶者サーチに影響する要因は年齢や最終学歴によって異なる可能性があるため，そうした属性別にも推定を行う。

（1）男女別の推定結果

　最初に**表 2-2** で男女別の推定結果について確認する。女性の結果を見ると，Wave1 時点で 10 年後に非正規・専業主婦（夫）でいたいと回答した場合の係数 β は，正で 1％水準で有意となっており，結婚確率を高めることがわかる。$\exp(\beta)$ は 1.49 となっており，非正規・専業主婦（夫）でいたい場合，正規で働きたい場合に比べて結婚確率が 1.49 倍になることがわかる。ただし，初職の結果を見てみると，学校を卒業して初めての仕事が非正規だった場合と職に就いたことがない場合は，いずれも負の係数でそれぞれ 0.1％，5％水準で有意であり，初職が正規であった場合に比べて結婚確率はそれぞれ 0.57 倍，0.08 倍と低くなる。過去 1 年間の収入が 75 万円未満の場合，250 万円以上 450 万円未満の

場合に比べて，0.1％水準で有意に結婚確率が高くなっており，結婚確率は 3.76 倍になっている。その他の変数として最終学歴，15 歳時点の暮らし向き，Wave1 時点の年齢，居住都市規模については有意な結果とはならなかった。

表 2-2　離散時間ロジットモデルによる結婚ハザードの推定（基本推定）

	女性			男性		
	β	s.e.	$\exp(\beta)$	β	s.e.	$\exp(\beta)$
Wave	1.3037	0.1543 ***	3.6828	1.4166	0.2056 ***	4.1232
Wave2乗	-0.1218	0.0166 ***	0.8854	-0.1498	0.0231 ***	0.8608
Wave1時点: 10年後の働き方 (Ref: 正規で働きたい)						
起業・自営したい	-0.2155	0.2252	0.8062	0.4272	0.1873 *	1.5330
非正規・専業主婦(夫)でいたい	0.3968	0.1488 **	1.4870	-1.7508	1.0173	0.1736
わからない	-0.1442	0.2516	0.8657	-0.3291	0.4372	0.7195
初職(Ref: 正規)						
非正規	-0.5678	0.1514 ***	0.5668	-0.4199	0.2402	0.6571
自営等	-0.1019	0.7594	0.9032	0.2562	0.3848	1.2920
職に就いたことはない	-2.5522	1.0275 *	0.0779	—	—	
回答者の過去1年間の収入 (Ref: 250万円以上450万円未満)						
なし～75万円未満	1.3240	0.2084 ***	3.7584	-0.8656	0.4800	0.4208
75万円以上250万円未満	0.0327	0.1615	1.0332	-0.8035	0.2614 **	0.4477
450万円以上	-0.1259	0.2591	0.8817	0.4316	0.2038 *	1.5397
わからない・無回答	0.0250	0.2899	1.0253	-0.4595	0.4388	0.6316
最終学歴(Ref: 中学・高校)						
専門・短大・高専	-0.2112	0.1734	0.8096	0.2841	0.2591	1.3286
大学・大学院	0.0341	0.1867	1.0347	0.5588	0.2282 *	1.7486
15歳時点の暮らし向き (Ref: ふつう)						
豊か	0.2858	0.1475	1.3308	-0.1045	0.2096	0.9008
貧しい	-0.1482	0.2132	0.8623	0.3332	0.2339	1.3954
Wave1時点: 年齢 (Ref: 21～25歳)						
26～30歳	0.0536	0.1489	1.0551	-0.2732	0.2117	0.7609
31～35歳	-0.2438	0.1811	0.7837	-0.5983	0.2178 **	0.5498
Wave1時点: 居住都市規模 (Ref: 16大市)						
20万以上市	-0.0355	0.1757	0.9651	0.3537	0.2106	1.4244
その他市	0.1113	0.1579	1.1177	-0.1128	0.2105	0.8934
町村	-0.1469	0.2604	0.8634	0.2089	0.3351	1.2323
定数項	-5.2857	0.4045 ***	0.0051	-5.7558	0.4979 ***	0.0032
対象数	3535			3687		
尤度比χ^2値	199.97	***		134.02	***	
疑似決定係数	0.1004			0.1013		

有意水準 ***: 0.1％, **: 1％, *: 5％
該当者がいない、あるいは完全に予測される場合は係数が推定できないため「—」を表示している。

58

男性の結果について見ると以下のことがわかる。正規で働きたいと思っていた場合に比べて，起業・自営したい場合は5%水準で正の係数であり，有意に結婚確率が高くなっている。年収については，250万円以上450万円未満に比べて，75万円以上250万円未満の係数が負の1%水準で有意で結婚確率が低下し，450万円以上は正の係数で5%水準で有意となっており結婚確率を高める。最終学歴は中学・高校に比べて大学・大学院は正の係数で5%水準で有意であり結婚確率が高まる。Wave1時点の年齢は，21〜25歳に比べて31〜35歳は負の係数で1%水準で有意であり，結婚確率は低くなる。

(2) 年齢階級別の推定結果

先程の推定では21歳から35歳までをまとめて推定した。しかしながら，10年後の働き方の希望や収入が配偶者サーチに与える影響は，年齢によって異なると考えられる。そこで，Wave1時点の年齢で3つのグループ（21〜25歳，26〜30歳，31〜35歳）にサンプルを分け，結果の違いについて確認する。

最初に女性の推定結果を**表2-3**で確認する。10年後の働き方の希望の影響を見ると，非正規・専業主婦（夫）でいたいと回答した場合，結婚確率を高めることがわかるが，これは21〜25歳でのみ確認された。正規で働きたい場合に比べて結婚確率が1.69倍となっていることがわかる。初職の影響について確認すると，21〜25歳では自営等であった場合，結婚確率が有意に高まる。ただし，結婚確率は正規だった場合の105.52倍と極端な結果となっている。26〜30歳では非正規であった場合に結婚確率が有意に低くなり，正規に比べた確率は0.53倍となっている。年収の影響を見ると，21〜25歳と26〜30歳で，なし〜75万円の場合，250万円以上450万円未満に比べて有意に結婚確率が高まることが示されている。結婚確率はそれぞれ4.84倍，4.77倍とほぼ同じ数値となっている。最終学歴の影響は26〜30歳でのみ有意な影響が示されており，専門・短大・高専の場合に結婚確率が低くなる。中学・高校に比べて確率は0.43倍となっている。15歳時点の暮らし向きについては21〜25歳でのみ有意であり，豊かであった場合に結婚確率が高くなる。ふつうだった場合に比べて結婚確率は

1.85 倍になっていることがわかる。Wave1 時点の居住都市規模については有意な結果は得られなかった。31〜35 歳についてはベースラインハザードを除く独立変数の影響は確認されなかった。

　次に**表2-4**で男性について見ると，10 年後の働き方の希望は，いずれの年齢階級でも有意とはなっていない。初職で非正規であった場合に結婚確率が低くなるのは女性と同じ結果であるが，年齢層としては21〜25 歳で有意となっている。年収の影響については，31〜35 歳でのみ，75 万円以上 250 万円未満の場合

表 2-3　離散時間ロジットモデルによる結婚ハザードの推定（女性，Wave1 時点の年齢階級別）

	21〜25歳			26〜30歳			31〜35歳		
	β	s.e.	exp(β)	β	s.e.	exp(β)	β	s.e.	exp(β)
Wave	1.7557	0.2990 ***	5.7874	1.1212	0.2259 ***	3.0686	1.2589	0.3337 ***	3.5215
Wave2乗	-0.1570	0.0307 ***	0.8547	-0.1006	0.0246 ***	0.9043	-0.1312	0.0374 ***	0.8771
Wave1時点: 10年後の働き方(Ref: 正規で働きたい)									
起業・自営したい	-0.2436	0.4201	0.7838	0.2871	0.3658	1.3325	-0.7246	0.4324	0.4845
非正規・専業主婦(夫)でいたい	0.5273	0.2509 *	1.6943	0.3493	0.2351	1.4181	0.0388	0.3692	1.0395
わからない	-0.3785	0.4785	0.6849	-0.0934	0.3914	0.9108	-0.1953	0.5445	0.8226
初職(Ref: 正規)									
非正規	-0.4954	0.2720	0.6093	-0.6278	0.2366 **	0.5338	-0.6058	0.3548	0.5456
自営等	4.6589	1.9738 *	105.52	-0.6952	1.0635	0.4989	—	—	—
職に就いたことはない	-1.6247	1.0753	0.1970						
回答者の過去1年間の収入(Ref: 250万円以上450万円未満)									
なし〜75万円未満	1.5772	0.3548 ***	4.8413	1.5634	0.3435 ***	4.7749	0.7696	0.4520	2.1589
75万円以上250万円未満	-0.2529	0.2768	0.7765	0.3904	0.2428	1.4775	0.0036	0.3775	1.0036
450万円以上	-0.8346	0.7651	0.4340	-0.2927	0.3913	0.7462	0.5046	0.4597	1.6563
わからない・無回答	0.1377	0.5272	1.1476	-0.0675	0.4666	0.9347	0.2438	0.5779	1.2761
最終学歴(Ref: 中学・高校)									
専門・短大・高専	0.4514	0.2917	1.5704	-0.8537	0.2949 **	0.4258	-0.4545	0.3788	0.6348
大学・大学院	0.5249	0.3251	1.6903	-0.3440	0.2951	0.7089	-0.2761	0.4099	0.7587
15歳時点の暮らし向き(Ref: ふつう)									
豊か	0.6136	0.2577 *	1.8471	0.2009	0.2180	1.2224	0.3109	0.3752	1.3647
貧しい	0.1562	0.3563	1.1690	-0.3862	0.3727	0.6796	-0.1004	0.4392	0.9045
Wave1時点: 居住都市規模(Ref: 16大市)									
20万以上市	-0.1996	0.3319	0.8191	0.1726	0.2706	1.1884	-0.0110	0.3742	0.9890
その他市	0.3737	0.2656	1.4531	0.0599	0.2461	1.0617	-0.4698	0.4006	0.6251
町村	-0.3613	0.4483	0.6968	-0.0348	0.3952	0.9658	-0.0270	0.6039	0.9733
定数項	-7.1188	0.8064 ***	0.0008	-4.6310	0.6048 ***	0.0097	-4.4867	0.7816 ***	0.0113
対象数	1286			1390			825		
尤度比χ²値	129.32		***	82.43		***	31.41		*
疑似決定係数	0.1778			0.0992			0.0739		

有意水準 ***: 0.1%，**: 1%，*: 5%
該当者がいない，あるいは完全に予測される場合は係数が推定できないため「—」を表示している。

に結婚確率が低くなることがわかる。最終学歴は，26〜30歳でのみ大学・大学院卒の場合，中学・高校に比べて有意に結婚確率が高くなる。15歳時点の暮らし向きについては，女性と逆の結果となっており，21〜25歳と26〜30歳では貧しかった場合に結婚確率が高くなり，31〜35歳では豊かだった場合に結婚確率が有意に低くなっている。Wave1時点の居住都市規模で有意な影響が見て取れるのは21〜25歳のみで規模の大きい16大市に比べて人口20万以上市と町村で結婚確率が高くなっている。

表 2-4　離散時間ロジットモデルによる結婚ハザードの推定（男性，Wave1 時点の年齢階級別）

	21〜25歳			26〜30歳			31〜35歳		
	β	s.e.	exp(β)	β	s.e.	exp(β)	β	s.e.	exp(β)
Wave	1.5281	0.3970 ***	4.6094	1.5544	0.3497 ***	4.7322	1.3584	0.3460 ***	3.8901
Wave2乗	-0.1661	0.0461 ***	0.8470	-0.1617	0.0393 ***	0.8507	-0.1390	0.0381 ***	0.8702
Wave1時点: 10年後の働き方(Ref: 正規で働きたい)									
起業・自営したい	0.3824	0.3385	1.4658	0.3627	0.3244	1.4371	0.5920	0.3473	1.8076
非正規・専業主婦(夫)でいたい	—	—	—	-1.1977	1.0448	0.3019			
わからない	—	—	—	-0.0564	0.7731	0.9452	0.4685	0.5972	1.5977
初職(Ref: 正規)									
非正規	-1.0087	0.4529 *	0.3647	-0.5106	0.4246	0.6001	0.0291	0.4128	1.0296
自営等	-0.3534	0.8365	0.7023	0.3565	0.5654	1.4283	0.8826	0.8194	2.4171
職に就いたことはない									
回答者の過去1年間の収入(Ref: 250万円以上450万円未満)									
なし〜75万円未満	0.0543	0.7143	1.0558	-1.4677	1.0437	0.2305	-1.4328	1.0334	0.2386
75万円以上250万円未満	-0.3534	0.4128	0.7023	-0.6978	0.4456	0.4977	-1.7765	0.6307 **	0.1692
450万円以上	0.3294	0.5185	1.3901	0.3573	0.3300	1.4294	0.2854	0.3164	1.3303
わからない・無回答	-0.7759	1.0576	0.4603	-0.0946	0.6522	0.9098	-1.0921	0.7649	0.3355
最終学歴(Ref: 中学・高校)									
専門・短大・高専	0.5310	0.4459	1.7007	0.8229	0.5404	2.2772	-0.3149	0.4491	0.7299
大学・大学院	0.5375	0.4274	1.7117	1.2431	0.4810 *	3.4662	0.0416	0.3642	1.0425
15歳時点の暮らし向き(Ref: ふつう)									
豊か	0.3316	0.3939	1.3931	0.3102	0.3369	1.3637	-0.9131	0.4604 *	0.4013
貧しい	0.9230	0.4100 *	2.5167	0.9782	0.4177 *	2.6597	-0.7441	0.4670	0.4752
Wave1時点: 居住都市規模(Ref: 16大市)									
20万以上市	1.1171	0.4807 *	3.0561	0.0917	0.3461	1.0961	0.0363	0.3592	1.0370
その他市	0.4929	0.4336	1.6370	-0.4043	0.3510	0.6675	-0.2899	0.3770	0.7483
町村	1.3458	0.5920 *	3.8414	-1.4671	1.0452	0.2306	-0.4464	0.5992	0.6399
定数項	-6.5907	0.9604 ***	0.0014	-6.8869	0.8697 ***	0.001	-5.4656	0.7975 ***	0.0042
対象数	823			1306			1427		
尤度比χ²値	44.42	***		71.19	***		47.03	***	
疑似決定係数	0.1252			0.1462			0.1009		

有意水準 ***: 0.1%，**: 1%，*: 5%
該当者がいない，あるいは完全に予測される場合は係数が推定できないため「—」を表示している。

（3）最終学歴別の推定結果

　年齢階級別の推定と同様に，学歴によって配偶者サーチに影響する要因は異なる可能性がある。そこで最終学歴別の推定結果について確認する。

　表 2-5 が女性の結果である。10 年後の働き方の希望の影響を見ると，有意な影響が確認されるのは，非正規・専業主婦（夫）でいたいと回答した場合，結婚確率を高めることがわかるが，これは大学・大学院でのみである。正規で働きたい場合に比べて結婚確率が 1.65 倍となっていることがわかる。初職の影響について確認すると，非正規であった場合に結婚確率が有意に低くなるが，この

表 2-5　離散時間ロジットモデルによる結婚ハザードの推定（女性，最終学歴別）

	中学・高校			専門・短大・高専			大学・大学院		
	β	s.e.	exp(β)	β	s.e.	exp(β)	β	s.e.	exp(β)
Wave	1.3781	0.3268 ***	3.9674	1.4867	0.2570 ***	4.4226	1.1197	0.2462 ***	3.0638
Wave2乗	-0.1260	0.0354 ***	0.8816	-0.1443	0.0277 ***	0.8656	-0.0963	0.0262 ***	0.9082
Wave1時点: 10年後の働き方(Ref: 正規で働きたい)									
起業・自営したい	0.4935	0.4897	1.6381	-0.1314	0.3895	0.8768	-0.4015	0.3666	0.6693
非正規・専業主婦(夫)でいたい	0.3574	0.3395	1.4296	0.3706	0.2446	1.4486	0.5028	0.2525 *	1.6533
わからない	0.0047	0.6290	1.0047	0.3349	0.3817	1.3978	-0.5660	0.4714	0.5678
初職(Ref: 正規)									
非正規	-0.2064	0.3096	0.8135	-0.4316	0.2659	0.6494	-0.8168	0.2623 **	0.4418
自営等	1.3653	1.1829	3.9167	—	—	—	-0.1972	1.1148	0.8210
職に就いたことはない	—	—	—	-0.9050	1.1536		—	—	—
回答者の過去1年間の収入(Ref: 250万円以上450万円未満)									
なし～75万円未満	0.8523	0.4773	2.3451	1.6102	0.3351 ***	5.0036	1.3679	0.3599 ***	3.9272
75万円以上250万円未満	0.1751	0.3867	1.1913	-0.0852	0.2544	0.9183	0.0735	0.2699	1.0762
450万円以上	1.1920	1.1585	3.2938	-0.1104	0.5149	0.8955	-0.1978	0.3279	0.8205
わからない・無回答	0.1817	0.5707	1.1992	-0.0916	0.4700	0.9121	-0.1289	0.5601	0.8791
15歳時点の暮らし向き(Ref: ふつう)									
豊か	0.1600	0.3977	1.1736	0.2774	0.2476	1.3197	0.2977	0.2322	1.3467
貧しい	-0.1790	0.3873	0.8361	-0.2543	0.3546	0.7754	-0.2278	0.4167	0.7963
Wave1時点: 年齢(Ref: 21～25歳)									
26～30歳	0.9747	0.3255 **	2.6503	-0.2970	0.2330	0.7431	-0.0604	0.2527	0.9414
31～35歳	0.2020	0.3708	1.2239	-0.5567	0.3034	0.5731	-0.3612	0.3267	0.6968
Wave1時点: 居住都市規模(Ref: 16大市)									
20万以上市	-0.3731	0.4017	0.6886	0.1281	0.3065	1.1367	-0.0670	0.2898	0.9352
その他市	-0.4437	0.3583	0.6417	0.4420	0.2684	1.5559	0.0845	0.2626	1.0882
町村	0.2324	0.5652	1.2616	-0.5151	0.4134	0.5974	0.2284	0.4519	1.2566
定数項	-5.8165	0.8418 ***	0.0030	-5.7606	0.6472 ***	0.0031	-4.8798	0.6002 ***	0.0076
対象数	747			1503			1218		
尤度比χ²値	49.81	***		94.68	***		77.94	***	
疑似決定係数	0.1116			0.1188			0.1062		

有意水準 ***: 0.1%, **: 1%, *: 5%
該当者がいない，あるいは完全に予測される場合は係数が推定できないため「—」を表示している。

62

効果も大学・大学院のみである。結婚確率は正規だった場合に比べて 0.44 倍となっている。年収の影響を見ると，専門・短大・高専と大学・大学院で，なし～75 万円の場合，250 万円以上 450 万円未満に比べて有意に結婚確率が高まることがわかる。結婚確率はそれぞれ 5.00 倍，3.93 倍となっている。15 歳時点の暮らし向きについてはいずれの学歴においても有意な結果は得られていない。Wave1 時点の年齢では，中学・高校でのみ 26～30 歳の場合に 21～25 歳に比べて結婚確率が有意に高まっている。結婚確率は 2.65 倍である。Wave1 時点の居住都市規模については有意な結果は得られなかった。

表 2-6 離散時間ロジットモデルによる結婚ハザードの推定（男性，最終学歴別）

	中学・高校			専門・短大・高専			大学・大学院		
	β	s.e.	exp(β)	β	s.e.	exp(β)	β	s.e.	exp(β)
Wave	1.2572	0.4357 **	3.5155	1.9549	0.5280 ***	7.0636	1.4523	0.2761 ***	4.2731
Wave2乗	-0.1232	0.0472 **	0.8841	-0.2437	0.0666 ***	0.7837	-0.1468	0.0306 ***	0.8635
Wave1時点: 10年後の働き方(Ref: 正規で働きたい)									
起業・自営したい	0.8081	0.4219	2.2437	0.0901	0.4121	1.0943	0.6059	0.2562 *	1.8329
非正規・専業主婦(夫)でいたい	—		—	—		—	-1.5235	1.0294	0.2180
わからない	-0.5497	0.8297	0.5771	-0.2144	0.8419	0.8070	-0.8508	0.7413	0.4271
初職(Ref: 正規)									
非正規	-0.2066	0.4976	0.8134	-0.2158	0.4814	0.8059	-0.6384	0.3737	0.5281
自営等	1.2599	0.7304	3.5251	0.4728	0.7157	1.6045	-0.1484	0.6675	0.8621
職に就いたことはない	—		—	—		—	—		—
回答者の過去1年間の収入(Ref: 250万円以上450万円未満)									
なし～75万円未満	-0.0607	0.6761	0.9411	-1.7240	1.0714	0.1784	-1.4998	1.0456	0.2232
75万円以上250万円未満	-0.8129	0.4713	0.4435	-1.1060	0.5112 *	0.3309	-0.7978	0.4287	0.4503
450万円以上	0.4363	0.6351	1.5469	-1.8028	1.0536	0.1648	0.5648	0.2413 *	1.7591
わからない・無回答	-1.3890	1.0589	0.2493	-0.5976	0.7785	0.5501	-0.0275	0.6273	0.9728
15歳時点の暮らし向き(Ref: ふつう)									
豊か	0.3518	0.6049	1.4216	-0.1521	0.4737	0.8589	-0.2522	0.2635	0.7771
貧しい	1.0411	0.4404 *	2.8324	0.4392	0.4894	1.5515	0.0196	0.3948	1.0198
Wave1時点: 年齢(Ref: 21～25歳)									
26～30歳	-0.9163	0.5255	0.4000	-0.3575	0.4758	0.6994	-0.0150	0.3012	0.9851
31～35歳	-0.1427	0.4599	0.8671	-0.9168	0.4940	0.3998	-0.4973	0.3145	0.6082
Wave1時点: 居住都市規模(Ref: 16大市)									
20万以上市	0.7023	0.5934	2.0185	0.6562	0.5110	1.9275	0.2278	0.2671	1.2558
その他市	0.4064	0.5183	1.5014	0.2375	0.4528	1.2681	-0.3251	0.2930	0.7224
町村	1.3812	0.6218 *	3.9798	0.2002	0.7191	1.2217	-0.5328	0.7561	0.5869
定数項	-6.6179	1.1116 ***	0.0013	-5.5453	1.0864 ***	0.0039	-5.4369	0.6432 ***	0.0044
対象数	1138			841			1659		
尤度比χ²値	35.57	**		38.83	**		83.66	***	
疑似決定係数	0.122			0.1363			0.1149		

有意水準 ***: 0.1%，**: 1%，*: 5%
該当者がいない，あるいは完全に予測される場合は係数が推定できないため「—」を表示している。

　次に**表 2-6** で男性の結果について見ると，10 年後の働き方の希望は，起業・自営したい場合に正規で働きたい場合に比べて有意に結婚確率が高くなっている。この効果は，大学・大学院でのみ観察された。初職の影響はいずれの学歴でも有意とはならなかった。年収の影響については，250 万円以上 450 万円未満に比べて，専門・短大・高専で，75 万円以上 250 万円未満で結婚確率が有意に低く，大学・大学院では 450 万円以上で有意に結婚確率が高くなっている。15 歳時点の暮らし向きについては，中学・高校でのみ貧しかった場合にふつうだった場合に比べて結婚確率が有意に高くなっている。Wave1 時点の年齢の影響はいずれの学歴でも有意とはなっていない。Wave1 時点の居住都市規模で有意な影響が見て取れるのは中学・高校のみで，規模の大きい 16 大市に比べて町村で結婚確率が高くなっている。

おわりに

　本章では，配偶者サーチ・モデルをベースに，女性のライフコースに対する希望などが結婚行動にどのように影響するかを明らかにした。女性の推定の結果からは，配偶者サーチ・モデルから考えられる要因はある程度，女性の結婚行動を説明することが示された。10 年後の働き方の希望として，非正規や専業主婦でいたい場合は，正規職で働きたい場合に比べて結婚確率が高くなるという結果が得られたが，理論的には結婚願望の高さが留保水準を引き下げた効果が出たものと考えられる。なお，この効果は比較的若い層および大学以上の学歴で確認されており，一定年齢より上の層や低い学歴層では結婚行動にはあまり影響しないことも示された。年齢層については，年齢効果と世代効果を区別することはできないが，いずれにせよ若い（新しい）世代の高学歴の女性は，ライフコースの希望が配偶者サーチを行う上で大きな影響を持っていることが示唆されている。また，初職が正規職ではなく非正規や職に就いたことがない場合には，結婚確率は低くなることが示された。これは，留保水準が低くなる

効果よりも，結婚市場における配偶者候補の質の低さの効果が大きかったことを示している。この効果も，将来の働き方の希望と同じように，若い年齢層と高学歴の女性で確認されている。一方，女性自身が低年収の場合には，留保水準の低さを通じて結婚確率が高まるという結果を得ている。この年収の効果もやや年齢の低い層と学歴が高い層で確認されている。ただし，年収の影響については，逆の因果関係も考えられるため，留保が必要であることは記しておきたい。そのほかの要因として，15歳時点の暮らし向きや学歴，居住都市規模などの影響は基本推定では確認できなかったが，年齢階級別と最終学歴別の推定ではいくつかの影響が確認された。以上から，若い高学歴女性の結婚行動において，配偶者サーチモデルの示唆する要因が影響していることが示された。

　男性と比較するという点では，15歳時点の暮らし向きの効果について，属性別の推定結果からは女性についてはあまり明確な効果とは言えないが，女性は豊かであった場合に結婚確率が高まり，男性は逆に確率が低くなるという興味深い結果も得られた。また，女性は10年後の働き方や初職の影響を受けやすい一方，男性はそれほど影響を受けていないという非対称性もわかった。水落（2006）では，男性の結婚は初職の影響を受けやすく，女性はあまり影響されないことが示されていたが，異なる結果となっている。本章の問題意識にあったように，女性の就業継続は容易になりつつあるものの，依然として結婚・出産など家庭との選択を男性以上に受けていることが示唆される結果となった。

〈謝辞〉二次分析に当たり，東京大学社会科学研究所附属社会調査・データアーカイブ研究センターSSJデータアーカイブから「東大社研・若年パネル調査（JLPS-Y）wave1-8, 2007-2014」（東京大学社会科学研究所パネル調査プロジェクト）の個票データの提供を受けました。

注

(1) http://www.ipss.go.jp/syoushika/tohkei/Popular/Popular2018.asp?chap=0（2019 年 7 月 31 日閲覧）。生涯未婚率とは 50 歳時の未婚者割合である。

(2) 10 年後の働き方の希望は調査票では，1. 正社員・正職員として働いていたい，2. 自分で事業をおこしていたい，3. 親の家業を継いでいたい，4. 独立して一人で仕事をしていたい，5. アルバイトやパートで働いていたい，6. 専業主婦・主夫でいたい，7. 働かないでいたい，8. その他，9. わからない，となっている。1 を「正規で働きたい」，2〜4 を「起業・自営したい」，5〜7 を「非正規・専業主婦（夫）でいたい」，8〜9 を「わからない」とまとめている。

(3) 就業状態は調査票で，1. 経営者・役員，2. 正社員・正職員，3. パート・アルバイト（学生アルバイトを含む）・契約・臨時・嘱託，4. 派遣社員，5. 請負社員，6. 自営業主・自由業者，7. 家族従業者，8. 内職，9. その他，10. 無職（学生除く），11. 学生（働いていない），12 学生（非正規で働いている），という選択肢になっている。これらを，1〜2「正規」，3〜5「非正規」，6〜9「自営等」，10「職に就いたことはない」とまとめた。学生は分析対象から除いているため，カテゴリーとしては存在しない。

(4) 調査票の選択肢は，1. なし，2. 25 万円未満，3. 50 万円くらい（25〜75 万円未満），4. 100 万円くらい（75〜150 万円未満），5. 200 万円くらい（150〜250 万円未満），6. 300 万円くらい（250〜350 万円未満），7. 400 万円くらい（350〜450 万円未満），8. 500 万円くらい（450〜600 万円未満），9. 700 万円くらい（600〜850 万円未満），10. 1,000 万円くらい（850〜1,250 万円未満），11. 1,500 万円くらい（1,250〜1,750 万円未満），12. 2,000 万円くらい（1,750〜2,250 万円未満），13. 2,250 万円以上，14. わからない，となっている。

(5) 最終学歴は調査票では，1. 中学校，2. 高等学校，3. 専修学校（専門学校），4. 短期大学・高等専門学校（5 年制），5. 大学，6. 大学院，7. わからない，の選択肢がある。

(6) 15 歳時点の暮らし向きは，質問票では 1. 豊か，2. やや豊か，3. ふつう，4. やや貧しい，5. 貧しい，6. わからない，となっている。これを 1〜2 を「豊か」，3 を「ふつう」，4〜5 を「貧しい」とし，6 は欠損扱いとした。

参考文献

国立社会保障・人口問題研究所（2017）『現代日本の結婚と出産：第 15 回出生動向基本調査（独身者調査ならびに夫婦調査）報告書』，http://www.ipss.go.jp/ps-doukou/j/doukou15/NFS15_reportALL.pdf（2019 年 7 月 31 日閲覧）

出島敬久（2004）「夫婦の賃金率と結婚年齢に関する計量経済分析：日本の晩婚化は配偶者サーチと整合的か？」『上智経済論集』Vo.49(1-2), pp.31-43.

水落正明（2006）「学卒直後の雇用状態が結婚タイミングに与える影響」『生活経済学研究』Vol.22-23, pp.167-176

森田陽子（2008）「女性の初婚確率の決定要因の分析について：父親の所得か夫の所得か」『オイコノミカ』Vol.45(2), pp.25-40.

Boulier, B. L. and Rozenzweig, M. R.（1984）"Schooling, Search, and Spouse Selection: Testing Economic Theories of Marriage and Household Behavior," *Journal of Political Economy*, Vol.92(4), pp.712-732.

Ehrenberg, R. G. and Smith, R. S.（2009）*Modern Labor Economics: Theory and Public Policy Tenth Edition*, Boston, MA: Pearson Education.

Ermisch, J. F.（2003）*An Economic Analysis of the Family*, Princeton, NJ: Princeton University Press.

Keeley, M. C.（1977）"The Economics of Family Formation," *Economic Inquiry*, Vol.15(2), pp.238-250.

Keeley, M. C.（1979）"An Analysis of the Age Pattern of First Marriage," *International Economic Review*, Vol.20(2), pp.527-544.

Mortensen, D. T.（1970）"Job Search, the Duration of Unemployment, and the Phillips Curve," *American Economic Review*, Vol.60(5), pp.847-862.

Sasaki, S.（2017）"Empirical Analysis of the Effects of Increasing Wage Inequalities on Marriage Behaviors in Japan," *Journal of the Japanese and International Economies*, Vol.46, pp.27-42.

Yamaguchi, K（1991）*Event History Analysis*, Newbury Park, CA: Sage Publications.

（水落正明）

第3章　日本における結婚・出産とキャリア形成

はじめに

　日本では1970年代半ばから，置換水準近傍を推移していた合計特殊出生率（Total Fertility Rate：TFR）が持続的に低下したが，1990年の「1.57ショック」を契機にその原因と対策について社会的関心が高まった。このとき注目されたのが，女性にとって「仕事と家庭の両立が困難であるために少子化が進んだのではないか」という議論だった。

　当時は，国連における女子差別撤廃条約（1979年採択）の批准に向けた国内関連法整備の一環として，1986年に男女雇用機会均等法が施行され，女性労働者の位置づけやキャリア形成について見直す動きが活発化している時期であった。しかし，女性も本格的にキャリア形成できる道が開かれ始めたものの，それは妊娠・出産という役割を担わず，出産後の子育てや，生活に不可欠な家事も，補助的役割をわずかに果たせば済んでいた男性たちと同じ土俵で勝負することを意味した。根強く性別役割分業意識が残る中で，結婚・出産・子育てと仕事の両立ができる女性はなかなか増えなかった。

　少子化が社会問題として認知され始めた1990年代初頭には，バブル経済が崩壊して経済不振や雇用環境の悪化が続き，経済的な必要性からも女性の就業は増加の一途をたどった。一方，出生率は低下し続けた。このように，キャリア追求や経済的必要性から女性の就業が増加する中で「少子化」という現象が顕在化し，女性の就業と結婚・出生のトレードオフが問題視されるようになったのである。

　少子化対策では，就業と出生の両立をしやすくするため，ここ 20〜30 年間に多くの施策が展開されてきた。同時に，少子化を引き起こした 1960 年代生まれ以降の世代の出生行動のデータも蓄積され，1970 年代前半生れまでの世代については，ほぼその全容が明らかになった。これらの世代の女性たちについては，就業と結婚・出生の観点から見たライフコースがどのような状況であったのか，実績データで分析が可能になってきている。

　そこで，本章では，結婚・出生・就業という家族形成・キャリア形成の組合せの観点から，戦後日本の女性のライフコースがどのように変化してきたかについて，「出生動向基本調査」（国立社会保障・人口問題研究所実施）のデータを用いて考察する。

第 1 節　女性の就業と結婚・出産にかかわる政策の変化

　日本で第一次産業が主力であった時代は，女性も農林漁業を営む家の働き手として結婚や出産に関係なく働き続けることが一般的であった。小売業などの自営世帯でも多くが同様であった。しかし，戦後に産業構造が第 2 次産業・第 3 次産業へと比重を移していくにつれ，自営業世帯の家族従業者として働く女性が減少し，代わって雇用労働者が増えていった。女性の労働力率は，自営業の減少と，近代家族が成立して女性の専業主婦化が進む中で低下していったが，1970 年代半ばからは反転上昇を始めた。このころまでには，学卒後の未婚期に就職するというライフコースはほとんどの女性に定着していた。しかし，女性の多くは結婚まで，または遅くとも第 1 子の妊娠・出産まで補助的業務に就き，退職するのが実態であった。

　この状況を変えるきっかけの一つとなったのは，1986 年の男女雇用機会均等法の施行である。この法律は，男女の雇用機会・待遇の均等推進に初めて法的根拠を与えた。1997 年の法改正で，それまで努力義務だった募集・採用，配置・昇進における女性差別が禁止となり，2006 年改正では間接差別，2016 年改

正では妊娠・出産・育児休業等を理由とする不利益取扱いも禁止するなど，その適用範囲を広げてきた。

　また，出産時と，就学前までの子育て期に焦点を当てて就業継続できる環境整備を促進したのが育児休業法である。1992 年に制定され，1995 年には介護休業も含めて育児・介護休業法に改正された。この法律はその後も複数回改正され，取得要件や回数，期間，労働時間短縮措置等の内容が拡充されてきた。1992年の制度開始時は休業中の所得保障はなかったが，雇用保険法の改正により，1995 年に休業前賃金の 25% が保障されるようになり，その後，40%（2001年），50%（2007年），67%（2014年）と拡充された。

　さらに，2003 年に成立し，2005 年度から施行された次世代育成支援対策推進法（10年間の時限立法，2015年にさらに10年延長）では，国・地方公共団体だけでなく，企業にも従業員の仕事と家庭の両立に関する行動計画作成を促した。2007 年には，政労使の合意により「仕事と生活の調和（ワーク・ライフ・バランス）憲章」ならびに「仕事と生活の調和推進のための行動指針」が策定された（2010 年に一部改正）。2016 年に成立した女性活躍推進法では，政府が女性の職業生活における活躍推進に関する基本方針を策定することが法定されるとともに，労働者 300 人以上の企業には，女性活躍に関する状況の把握と，それに基づいた取り組み（事業主行動計画と数値目標）の策定・公表を義務付けた。さらに，働き方改革関連法が 2019 年度より順次施行され，長時間労働の見直し（残業時間の上限規制，勤務間インターバル制度等），正規・非正規雇用の不合理な待遇差の解消をめざしている。これらの法律に基づく政策展開では，仕事と家庭の両立支援という観点が取り入れられている。

　働く男女の均等待遇や，就業継続が特に難しい妊娠・出産・未就学児の子育て期の仕事と家庭の両立支援，そして企業の取組みの促進を法律に基づき進めるとともに，働く間に安心して子どもを預けられる保育サービスの拡充も進められた。保育サービスの多様化（延長保育，休日保育，病児・病後児保育等）とともに，2000 年代以降は 2001 年の「待機児童ゼロ作戦」を皮切りに，「待機児童対策」も次々と打ち出された。2012 年には子ども・子育て支援 3 法が成立

し，2015 年度から子ども・子育て支援新制度が始まった。新制度では，保育の受け皿の多様化と量的拡大を図り，需要超過・供給超過の地域ともに，事情に合わせて保育サービスの充実や効率化を行えるようになった。女性の就業増加に伴う保育需要の増加に供給が追いつかず，待機児童をなくすという目標は達成されていないが，待機児童ゼロ作戦が始まった 2001 年に 193 万 7,132 人であった認可保育所定員は，2014 年に 233 万 5,724 人となり，新制度施行を経て 2020 年には認可保育所，認定こども園等を含めた利用定員数が 296 万 7,328 人まで増加した（いずれも 4 月 1 日時点の定員数）。

　働く環境の整備や保育サービスの拡充だけでなく，性別役割分業意識の変革を促す男女共同参画の視点からも対策が講じられている。家事・育児への男性の参加を促す取り組みとして，男性の育児休業取得の奨励や，イクメンプロジェクトの実施などが行われている。

　結婚・出産・子育て支援にかかわる一連の諸政策については，「少子化対策」という枠組みの中で 1990 年代から行われてきたが，少子化が社会問題化し，その対策が議論され始めた当初から，日本の少子化対策において女性の就業と出産・子育ての両立は中心的課題として認識されてきた（守泉 2019b）。これまでの 6 つの少子化対策パッケージでは，「女性の職場進出と子育てと仕事の両立の難しさ」が少子化の背景要因のひとつに挙げられ，そのトレードオフの関係を緩和または解消すべく，多方面からの対策が打たれてきたのである。少子化対策が本格的に展開され始めたのは，エンゼルプランが始まった 1995 年以降で，当時 25〜34 歳の出産最盛期にあったのは 1960 年代生まれの女性たちであった。ワーク・ライフ・バランスの考え方が広まり始めた 2000 年代以降で見ると，1965 年以降生まれの世代，とくに 1970 年代生まれ以降で両立支援政策の拡充期と出産最盛期年齢が重なっている。

第2節　女性の就業と結婚・出産：先行研究の知見

　1980年代以降，先進諸国間で，TFRの水準が比較的高い国々と低下が続く国々に分かれ，なぜ出生率水準に差が生じたのかについて数多くの研究が行われた。女性の就業要因は，各国・地域のTFRの差の分析にあたって中心的課題として取り上げられた。そこで指摘されたのは，出生率が比較的高い先進諸国には，女性の就業と出生の逆相関が弱まったり，正相関に転換していたりする国々があるという点であった（Brewster and Rindfuss 2000, Ahn and Mira 2002, Castles 2003, Rindfuss *et al.* 2003, Adserá 2004, Kögel 2004, Engelhardt *et al.* 2004, Billari and Kohler 2004, 山口 2009）。この相関の変化には，両立支援策が大きな役割を果たしていると指摘された（D'Addio and d'Ercole 2005, Hobson and Oláh 2006, 山口 2009, Hilgeman and Butts 2009, Thévenon and Gauthier 2011, Luci-Greulich and Thévenon 2013）。

　少子化における女性の就業の影響が議論の中心を占め始めた1990年代以降，日本でも就業と出生の関係について数多くの研究が行われてきた。分析に用いられているデータがどの出生コーホートを分析したものかに注目して，その研究知見を整理してみよう。

　1950年代生まれの女性を対象とした分析では，就業継続の問題は，専門職に就き（多くが教員，看護師，保育士），親族の支援もある女性か，農業や小売業など自営業に従事する女性に関係する問題であった。大多数の女性にとっては，就いた仕事は結婚や出産と同等の天秤にかけるほどのものではなかった（今田・平田 1992）。また，女性は就職動機が経済的理由ではなく「自己実現」的なものなので，仕事と家庭の両立に直面すると，多くは就業継続せず退職することが一般的だったと論じられている（田中・西村 1986, 長津 1991, 今田・平田 1992）。

　その後，「消費生活に関するパネル調査」（家計経済研究所），「出生動向基本

調査」（国立社会保障・人口問題研究所），「就業構造基本調査」（総務省），「国民生活基礎調査」（厚生労働省），単発の独自調査などの個票データを使い，おもに60〜70年代生まれの女性たちを分析した研究が活発に行われるようになった。結婚・出生時の就業状況や就業継続要因を探った一群の研究では，これらの世代でも女性の就業と出生にはトレードオフの関係がみられ，第1子出生前後の就業継続者割合は変化が見られないか，むしろそれ以前のコーホートより下がっていることが多く指摘された（今田 1996，永瀬 1999，岩澤 2004，丸山 2001，新谷 1998，今田・池田 2006，菅 2011，坂口 2011，是川 2019）。育児休業制度や保育サービスは就業継続や出生行動に促進効果があることを多くの実証研究が見出したが（樋口 1994，滋野・大日 1999，駿河・西本 2002，駿河・張 2003，滋野・松浦 2003，山口 2005，吉田・水落 2005，滋野 2006，打越 2017），一方でそれらは特定層（高学歴者，長期勤続者，親と同近居，保育所入所可能など）に対してのみ作用しており，女性全体の就業継続率の引き上げや出産・育児期の就業促進への効果は小さいのではないかという問題提起もなされた（阿部 2005；Asai, Kambayashi and Yamaguchi 2015；Yamaguchi, Asai and Kambayashi 2018）。また，育児休業制度はその有無だけではなく，制度の運用実態が実効性を持つ場合（休業を取りやすい，復帰後の見通しがつく等）や，保育所利用や家族・親族による子育て支援と組み合わせが可能な場合に出産後の就業継続を高めるという知見（永瀬 1999，今田・池田 2006，樋口 2007）もあり，両立支援に関する制度は単独では出生確率に有意な影響はなく，さまざまな制度が利用可能になってこそ成果を発揮する（野口 2007）ことを示す研究も少なくない。

　近年では，1970年代後半〜80年代生まれの人々を対象とした研究も増えてきているが，これらの人々はほとんどが40歳未満であり，出生行動との関連について分析したものはまだ少ない。ただ，結婚・出産前後の就業継続に関しては，2010年代に第1子を生んだ妻の継続率が大きく増加したことが明らかになり（国立社会保障・人口問題研究所 2017a），大企業を中心に両立支援制度が有意に第1子出産やその後の就業継続を増やしたという実証結果が出るなど（永瀬

2014；Nagase 2017, 2018)，変化の兆しが見えている。しかし，1990年代後半以降に雇用の不安定化が進み，非正規雇用者が若い世代で急増したという新たな事象に関し，非正規雇用者は就業継続率も出生意欲も低いこと（守泉 2005)や，非正規雇用の経験者は，結婚や出産時期が遅かったり，未婚のまま残存する確率が高くなったりすること（永瀬 2002，酒井・樋口 2005，佐々木 2016，香川 2013，麦山 2017）が指摘されている。未婚化はいまだ進展しており，若い世代ほど「未婚者」が多く，「結婚した人々」の属性に強いセレクションがかかり始めていると考えられる。結婚に初期キャリアが強く影響していることと，結婚した人々の分析において就業と出生の両立が増えているとの知見が出始めたことを考え合わせると，両立支援とその出生促進効果は高学歴・大企業・正規職などの属性を持つ特定層では少なくとも実効性を持って機能し始めていることが推測される。

第3節　データと分析方法

　未婚化が進んだ1960年代出生コーホート以降の女性の就業経歴を分析するにあたっては，全配偶関係の女性のライフコースを類型化し，その構成の変遷を観察することが有用である。本章では，国立社会保障・人口問題研究所が実施している「出生動向基本調査」および総務省統計局「国勢調査」のデータを用いて分析を行う。

　出生動向基本調査は，国民生活基礎調査の実施地区から無作為抽出した地区内に居住する18～49歳の独身男女および妻の年齢49歳以下の夫婦すべてを対象として5年周期で行われる調査である[1]。ここでは第8回（1982年)～第15回（2015年）の独身者調査の女性票と夫婦調査の個票データを用いる[2]。ただし，女性の就業経歴を細かく分類できる変数を含むのは第13回（2005年）調査以降であるため，第13～15回のデータをおもに使用する。

　集計は以下の手順で行った。はじめに出生動向基本調査のデータを使用し，

74

独身女性については未婚者と離死別者に，有配偶女性については初婚を継続している者と再婚者に分類し，調査回別，年齢5歳階級別に割合を示した。

次に，出生動向基本調査から求めた独身女性の内訳（未婚者と離死別者）と有配偶女性の内訳（初婚継続者と再婚者）を1985年から2015年に実施された国勢調査の女性の年齢5歳階級別，配偶関係別人口に掛け合わせることで，出生動向基本調査の調査実施時点における女性の結婚歴を考慮した配偶関係別人口の構成割合を求めた。ただし，第8回（1982年）から第12回（2002年）の出生動向基本調査と国勢調査の実施タイミングには時間的なずれがある。そのため，これらの調査回の出生動向基本調査に対しては，その調査が実施される直前と直後に実施された国勢調査から算出された年齢階級別・配偶関係別人口割合の平均値を求め，この値を使用することとした（たとえば，1992年に実施された第9回調査に対しては，1990年と1995年に実施された国勢調査から得られた値の平均値を掛け合わせている）。

以上の手順から，出生動向基本調査の調査時点における女性の年齢階級別の①未婚者割合，②離死別者割合，③初婚有配偶者割合，④再婚有配偶者割合が得られた。本章では，とくに①未婚者と③初婚有配偶者のカテゴリについて，子どもの有無や就業経歴を組み合わせたライフコースを設定してその内訳を示し，コーホート別推移を観察する。また，ライフコースの類型化では出生を含んだ分類を行うため，再生産期間が終わったか，終わりに近い1975年以前の出生コーホートをおもに扱う。最新の第15回調査でも35〜39歳である1975〜80年生れについては，若い世代の動向変化の兆しを観察するため，参考扱いではあるが適宜言及する。

第 4 節　結婚・出生・就業を女性の結婚・出生・就業と ライフコースの変化

（1）コーホート別にみたライフコース構成：配偶関係の構成割合と未婚・有配偶無子女性の就業状況

　図 3-1 では，調査時年齢・出生年別に女性の配偶関係構成を描き，未婚と初婚有配偶無子については，調査時の就業状況の有無も示した。例えば，「45〜49歳」の欄にある「1965〜70 年」の帯グラフは，1965〜70 年生まれの女性の 45〜49 歳時の状況を示している。

　まず，世代ごとの結婚の状況（配偶関係構成割合）をみると，45〜49 歳時の未婚者割合は，1930 年代生まれから 4〜5％程度で推移していたが，1950 年代出生コーホートから明確に増え始め，1960〜65 年出生コーホートで 12.1％，1965〜70 年出生コーホートでは 15.8％に増加した。40〜44 歳，35〜39 歳においても若い世代ほど未婚者割合が高まっている。離死別割合は，若いコーホートほどむしろ全体に占める割合が減っている。再婚者の割合は小幅にしか増えていないので，40 歳に至るまでにそもそも結婚した人が少なくなっていることから，離死別者も減っているのだろう。

　次に，同じく図 3-1 で初婚有配偶・無子について見ると，45〜49 歳層では，このカテゴリの女性の割合が 1960 年代生まれ以降で増加傾向にある。初婚有配偶・無子の女性は，1950 年代生まれまで 3〜4％程度であったが，1960〜65 年生まれで 5％を超え，1965〜70 年生まれで 7％に達した。結婚しても子どもを持たない女性の割合は 1960 年代生まれ以降で緩やかに増加している。ただ，35〜39 歳層において，1970〜75 年生まれと 1975〜80 年生まれでは変化が見られず，無子の増加トレンドが変わった可能性がある。

　さらに，図 3-1 で未婚と初婚有配偶・無子の女性の調査時の就業状況をみると，どの年齢層でも未婚で約 8 割，有配偶で約 7 割が就業しており，無職の女性は少ない。子どもを持たない両ライフコースの女性については，未婚者は学

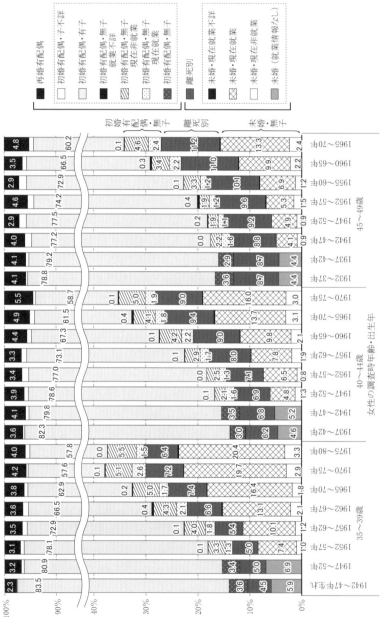

図 3-1 妻の年齢・出生年別にみた、女性の配偶関係構成および未婚・有配偶無子女性の就業状況（調査時）

卒後と調査時の2時点，有配偶女性は学卒後，結婚前，結婚直後，調査時の4時点の就業状況データがある。各時点すべてで就業していた場合を就業継続コース，就業していなかった時点がある場合を非継続コースとすると，40歳代未婚者のうち就業継続割合は，約70％であった。[(4)] 同様に40歳代の初婚有配偶・無子の妻では，就業継続と非継続の割合はおよそ半々であった。[(5)]

　図3-1から分かるのは，第一に，世代別のライフコースでもっとも特徴的な変化は，未婚・無子コースの女性の増加であることだ。結婚・出生というイベントを経験していない女性が，若い世代ほど増えている。そして，かつては35歳以上の層で8割前後を占めていた「子どものいる初婚継続女性」は，6割程度まで減少した。第二に，未婚でも有配偶でも，子どもがいない場合は働く女性が多いという事実である。未婚者は，配偶者がおらず自力で生活する必要がある場合が多いため，当然就業率は高い。初婚有配偶で無子の女性の場合，子どもは持たないと決めて働き続けた女性と，子どもはほしいと思っている（思っていた）が出生していないので働いている，という女性が混在しているとみられる。

（2）コーホート別にみたライフコース構成：初婚・有子の有配偶女性の就業状況

　次に，初婚有配偶で有子（出生あり）の女性について，学卒時・結婚後・第1子1歳時・調査時の4時点の就業有無情報を用いて**表3-1**のように定義し，ライフコース分類を行った。これら各時点の情報がすべてそろうのは第13回調査以降であるため，結婚・出生・就業の3つを考慮したライフコースの類型化は1955年出生コーホート以降で得られる。**図3-2**には，出生子ども数がほぼ確定した40歳代および参考として35〜39歳時の各コーホートの集計結果を示した。なお，各年齢層でもっとも若い3つのコーホートより前のコーホートについては，ライフコースの詳細分類のためのデータが不足しているため，「初婚有配偶有子（詳細分類不能）」とラベリングして一括して示している。

　図3-2で再生産期間の最終段階である45〜49歳層についてみると，子どもを1人以上生み，かつ就業継続した女性の割合は，1955〜60年生れの14.9％から，

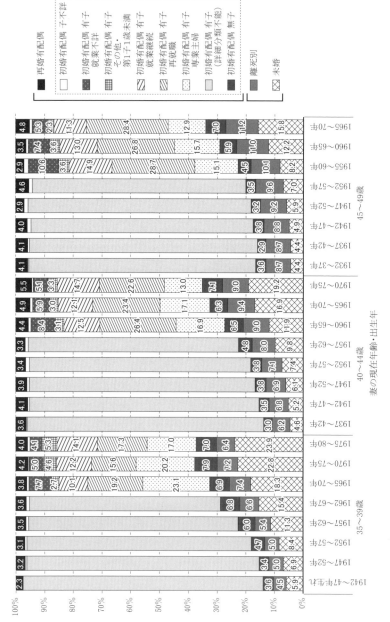

図 3-2 出生コーホート別にみた、ライフコース構成：初婚継続の有配偶女性

妻の現在年齢・出生年

表 3-1　就業経歴の作成情報

コース	内訳	学卒時	結婚後	第1子1歳時	現在
専業主婦	就業経験なし	×	×	×	×
	（結婚時離職）	○	×	×	×
	（出産時離職）	○	○	×	×
	（第1子1歳以降離職）	○	○	○	×
再就職	（結婚時中断）	○	×	×	○
	（出産時中断）	○	○	×	○
就業継続	すべての時点で就業	○	○	○	○
その他	上記のパターン以外	—	—	—	—
非該当	調査時点で第1子が1歳未満	—	—	—	—
不詳	1時点以上不詳	—	—	—	—

1960～65 年生れの 13.0％，1965～70 年生れの 11.3％へと低下している。先行研究で多く指摘されていたように，1960 年代出生コーホートでは，それ以前のコーホートより第 1 子出生を経ての就業継続は減っていたことがわかる。しかし，それより若い世代では変化が出てきている。40～44 歳では，1965～70 年生まれで就業継続した女性の割合が 12.1％であったのに対し，1970～75 年生れでは 14.7％と上昇している。35～39 歳でも若い世代ほど就業継続割合は高い。第 1 子の出産を乗り越えての女性の就業継続割合は，1960 年代後半生まれを底として高まってきているようだ。

　全体のライフコース構成をみると，どの年齢層でも大きな割合を占めているのは再就職コースである。図 3-2 の再就職コースに分類された女性サンプルと完全には一致しないが，出生子ども数が 1～2 人で，第 1 子 1 歳時に無職であったが予定の子ども数を生み終わらないうちに再就職した 35～44 歳女性の割合の[6]推移を見ると，1960 年代生まれまでは 10％程度であったのが，1970 年代生まれになると 15％程度まで高まった（集計結果表は割愛）。35 歳未満層ではさらに出生過程途上での再就職割合は高まっており，第 15 回調査の 25～29 歳（1985～90 年生れ）では 22.7％であった。かつては，一度無職となった妻の 9 割以上は，予定子ども数を生み終わった後に就業を再開させていたが，1970 年代生まれ以降，就業を再開する時期は早まる傾向にある。つまり，第 1 子出生時に就

業を中断した層についても，再就職した際の労働環境が次子出生に影響を及ぼす可能性は高くなっており，再就職の場合に大半を占める非正規雇用者を念頭に置いた両立支援の必要性は高まっている。

第5節　就業継続者と非継続者の出生子ども数の比較

　前節で，第1子出生を乗り越えての就業継続が1970年代生まれ以降で増加している傾向がみられた。では，就業経歴によって出生子ども数に差はみられるだろうか。本節では，初婚有配偶女性に焦点をあて，出生動向基本調査データ[7]を用いて集計を行う。

　就業継続者と非継続者で出生子ども数に差がみられるかという問いへの回答は，容易ではない。先行研究では，1人以上の子どもを生んだ女性を対象に，就業経歴別に平均出生子ども数を比較したものがある（岩澤 2004；国立社会保障・人口問題研究所 2017a, p.58）。いずれも就業経歴により平均出生子ども数の値に大きな差はないとの結果が示されているが，岩澤（2004）では，そもそも子どもを持って就業継続した女性にセレクションがかかっている可能性を指摘している。また，1960年代出生コーホート以降，無子の女性が急増しており，その多くは未婚者由来だが，有配偶女性においても無子割合は増加していることから（本章4.1参照；守泉 2019a, p.40），出生と就業の関係を検討する際には無子の女性を考慮に入れる必要性が高まっている。

　そこで，本節では有配偶無子の女性を含めて，初婚有配偶女性の就業経歴別の出生状況を分析することを試みる。本節では，これまで用いてきた分類を「就業継続」「非継続」の2パターンにまとめ，子どもの有無を組み合わせて4パターンのライフコースに再分類した。具体的には，前節での就業継続コースをそのまま「就業継続・有子コース」，専業主婦・再就職・その他のライフコースをまとめて「非継続・有子コース」とする。さらに，初婚有配偶で無子の女性についても分類し，学卒時・結婚後・調査時の3時点について，どの時点でも

就業していた女性を「就業継続・無子コース」，3 時点のどこかで就業していな
かった女性を「非継続・無子コース」とする。この 4 パターンでの構成割合を
把握した後，子どもの有無の区別をなくし，就業継続コースと非継続コースで，
出生子ども数の平均値や分布が異なるかどうか比較する。

　無子の女性を含める場合，理想子ども数と初婚年齢が有子女性と大きく異な
ることに注意が必要である。無子の女性には，もともと子どもを持たないこと
を理想とし，就業と出生の両立という問題に直面しない女性が多く含まれる。[8]
本節では，出生と就業の関係を検討することが目的であるため，集計対象者の
子ども数に関する意識を均質化するという意図から，理想子ども数 0 人の女性
は集計から除外した。また，無子の要因として初婚年齢が強い効果を持つこと
が分かっている（菅 2008，守泉 2019）。本節のデータでも，無子コースの女性
は有子コースの女性より平均初婚年齢が 4〜5 歳高い。[9]初婚年齢の分布はその集
団の最終的な子ども数に大きく影響するため（国立社会保障・人口問題研究所

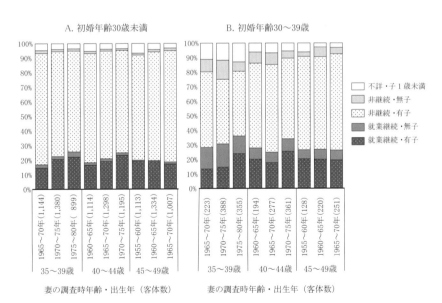

図 3-3　初婚有配偶女性の年齢・出生年別にみた，無子女性を含む就業経歴の構成
（注）　対象は初婚女性で，理想子ども数が 0 人および初婚年齢が 40 歳以上の女性を除く。

2017b, p.18），30 歳未満で結婚したグループと，30 歳代で結婚したグループに分けて集計を行うこととした。便宜的に，前者を早婚グループ，後者を晩婚グループと呼ぶ。

　再分類した 4 つのライフコース構成を年齢・コーホート別に示したのが**図 3-3**である。全体として，早婚グループより晩婚グループで就業継続者の割合が高い。晩婚グループでは無子の就業継続者が多いが，有子就業継続割合も早婚グループより若干高い。45〜49 歳をみると，有子就業継続割合は晩婚グループでは変化がないが，早婚グループでは若い世代ほど低下している。しかし，40〜44 歳では初婚年齢にかかわらず，若い世代ほど有子就業継続割合は高まっている。35〜39 歳でも同様で，第 1 子出生を乗り越えての就業継続割合は，初婚年齢を考慮しても，1960 年代後半生まれで底を打った後，それ以降の若い世代では高まっている傾向がみられる。特に晩婚グループでの変化が大きい。

　次に，子どもの有無の区別をなくし，就業継続・非継続の 2 コースで出生子

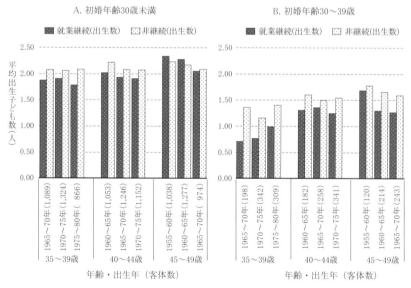

図 3-4　妻の年齢・出生年・就業継続／非継続別にみた，平均出生子ども数
（注）　対象は初婚女性で，理想子ども数が 0 人および初婚年齢が 40 歳以上の女性を除く．

ども数の平均値と分布を比較した。

　平均出生子ども数を比較した**図 3-4** の早婚グループでは，40 歳代時点で多くのコーホートまたはコースで平均出生子ども数は 2 人を超えており，45〜49 歳時点で就業継続者と非継続者の平均値の差は小さい。1965〜70 年生れの年齢別推移を見ると，35〜39 歳時に非継続コースはすでに完結水準に達しているが，継続コースはまだ平均値が低く，その後キャッチアップして 45〜49 歳時には両コースの差は 0.04 人まで縮小している。1970〜75 年以降の出生コーホートでも，両コースの平均値の差や出生水準にはおおむね大きな変化はない。

　一方，晩婚グループは，全体として早婚グループより平均出生子ども数が少なく，2 人を超えるコーホートはない。出生子ども数に対して，初婚年齢が高いことの負の影響が表れているとみられる。45〜49 歳では，1960 年代出生コーホートの就業継続コースの平均出生子ども数が 1.3 人を切る水準に低下しており，両コースの差も解消していない。晩婚グループの就業継続コースの女性は，早婚グループと異なり，非継続コースの出生水準にキャッチアップできずに再生産期間を終えている。

　図 3-4 から分かることは，非継続コースに比べて就業継続コースの女性は出生ペースが遅れること，さらに初婚年齢によって，出生の累積水準が影響を受けることである。就業継続コースであっても，若い時期に結婚した女性は，時期は遅れるが非継続女性と同水準の出生レベルに達するケースが多い。しかし，結婚が遅い場合（ここでは 30 歳以上），身体的条件からそもそも多産が難しい上に，就業による出生ペースの遅れが第 2 子以上の子どもの出産逸失につながるケースが多いとみられる。先行研究においても，第 1 子出生後の出産間隔は，女性が就業している場合に長くなることが分かっている（Nagase and Brinton 2017）。

　図 3-4 でみた平均値の差の内実をみるため，**図 3-5** では，就業継続・非継続コース別にみた出生子ども数の分布を示している。早婚グループでは，35〜44 歳で非継続コースのほうが就業継続コースより 2 子割合が高く，早いペースで子ども数が増えている様子がうかがえる。しかし，45〜49 歳時には両コースの

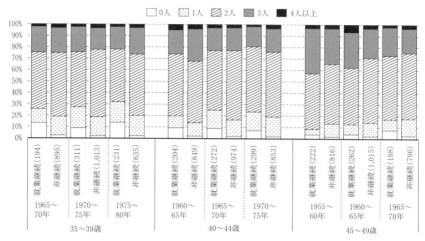

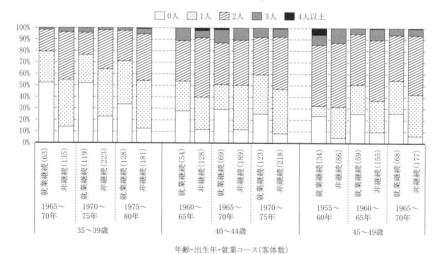

図 3-5　年齢・出生年・就業継続／非継続別にみた，出生子ども数分布：40 歳代

（注）　図 3-4 に同じ．出生子ども数不詳を除いた集計値．

構成割合の差は縮小している。図 3-4 では，早婚グループの 45〜49 歳において，1955〜65 年出生コーホートでむしろ就業継続コースの女性の平均出生子ども数の方がわずかに高いことが示されているが，これは就業継続コースで第 3 子まで持った女性が多いことに由来していることがわかる。

　晩婚グループでは，就業継続コースの女性で無子割合が非常に高いことがわかる。45〜49 歳層をみると，1960 年代出生コーホートの就業継続コースは，4 分の 1 の女性が無子で，さらに 1 子のみの割合も高く，無子と 1 子の女性で半数以上を占める。非継続コースでは無子割合は低いが，出生子ども数 1 人の割合は継続コースより高い。そのため，2 子以上出生している女性の割合は，早婚グループで 8 割以上であるのに比べ，晩婚グループでは非継続コースで半数程度，就業継続コースでは 4 割程度にとどまる。40 歳代の女性の予定子ども数は，ほぼ出生子ども数と同義だが，晩婚グループの「理想子ども数が予定子ども数を下回る割合」を集計すると 6〜7 割がこれに該当する。つまり，晩婚グループでは理想とする子ども数を持てなかったという「希望と現実のギャップ」がある女性が多いといえる。ただ，1970 年代年出生コーホートでは，就業継続コースで無子割合が前の世代より低く，1 子割合が高まっている。仕事を続ける晩婚女性において，第 1 子出生のハードルが下がっている可能性があり，今後の動向が注目される。

　就業継続コースと非継続コースの平均出生子ども数が，早婚グループでは最終的に差がみられず，晩婚グループで差が残った結果について考察してみると，就業継続コースは出生ペースが遅いことが解釈のポイントであると考えられる。30 歳未満で結婚した場合は，再生産可能な期間が 10 年以上残っており，仕事と家庭の両立の調整をしながらでも最終的には予定した子ども数を持てる確率が高い。しかし，晩婚の場合は残りの再生産期間が短いため，ただでさえ身体的都合から少産化する確率が高い上に，仕事と家庭の両立問題に直面する就業継続グループでは時間をかけて両立調整しながら出生することができず，非継続グループより低い平均値で収束していると考えられる。

　第 1 子出生を乗り越えて就業継続する女性の割合は若い世代ほど広がってき

ており，公的な両立支援策の拡充時期と重なることから，子どもを持っての就業継続割合の増加と政策要因は無縁ではないだろう。1960年代生まれまでは，公的支援が不足している中で，祖父母支援など私的保育資源にも恵まれた人しか子どもを持っての就業継続ができない環境であったが，公的支援の拡充により，1970年代生まれ以降は，仕事と家庭の両立を可能にする私的資源が不足している女性でも子どもを持っての就業継続がある程度可能になってきたのだと考えられる。出生動向基本調査の報告書においても，妻が就業継続の場合は子育て支援制度・施設の利用が重要な役割を果たしていることが指摘されている（国立社会保障・人口問題研究所 2017a, p.61-62）。ただし，晩婚だと再生産可能期間が残り少ないことから，両立支援策を活用しても出生を累積することが難しく，就業継続している場合は無子か少産にとどまる傾向が強かった。働き続けながら希望する子ども数を持てるかどうかについては，結婚タイミングが重要なポイントとなっている。

おわりに

　本章では，結婚・出生・就業という3つのイベントの組み合わせで女性のライフコースを類別し，戦後日本の女性のライフコースがどのように変化してきたかについて考察した。

　本章の集計から，子どもをもって就業継続する女性は，1960年代生まれを底として，その後の世代では反転上昇してきていることが確かめられた。初婚有配偶女性の出生に関する集計からは，子どもを持っての就業継続がしやすくなっていると示唆される結果が得られた。出生と就業のトレードオフは1970年代生まれ以降（特に後半以降）で徐々に緩和してきていることがうかがえる。ただ，初婚年齢を分けて就業継続・非継続別に出生子ども数の状況を分析してみると，早婚グループでは就業継続・非継続の両コースで45〜49歳時の平均出生子ども数に差がみられないが，晩婚グループでは就業継続コースの平均出生子ども数

が非継続コースより低く，最後までキャッチアップしない傾向がみられた。この結果の解釈のポイントは，「出生ペース」にあると考えられる。仕事と子育てを両立するには様々な調整が必要であり，働き続ける場合，出生ペースは遅くなりがちである。初婚年齢が早ければ，残りの再生産可能期間が長いため，ゆっくりとしたペースでも出生を積み上げていけるが，晩婚であるとそれが難しく，無子や一人っ子にとどまる確率が高くなると考えられる。よって，本章での集計結果は，今後，これまで拡充してきた両立支援制度の実効性（使いやすさ，適用範囲の拡大など）をさらに上げていくことに加え，30歳前後で結婚し，出産を開始しやすい労働環境づくりをするという結婚・出産のタイミングの視点も取り入れて，施策の充実化を進めることが重要であることを示唆している。

　また，子どもを持って就業継続できる環境を整えるというとき，中断期間があっても再び労働市場に戻っている「再就職コース」に今後は注目することも必要になっている。再就職コースは，戦後，多くの女性がたどったライフコースであるが，少子化対策の中では，「結婚・出産してもフルタイムの仕事を継続する」という形での「仕事と家庭の両立」を支援する政策がメインとして展開されてきた。女性の再就職支援も対策メニューの一つとして挙げられてきたが，重点課題とまではされないことが多かった。結婚・出産で退職した女性の再就職といえば，希望する子ども数を持った後にパートなど非正規雇用に就くことがほとんどであったため，出生を促すという少子化対策としての意味が再就職支援にはあまりなかったことも一因であろう。しかし近年は，本章の分析からも，再就職のタイミングが早まり，生み終わった後ではなく出生過程にいるうちに仕事に復帰する有配偶女性が増えていることが明らかである。「正規職一貫就業継続コース」だけでなく，一時的な就業中断を含めた「再就職型就業継続コース」も，今後は少子化対策の有力な施策の1つとして注目する価値があるのではないだろうか。

注

(1) 調査概要は，各調査回の報告書（http://www.ipss.go.jp/site-ad/index_Japanese/
shussho-index.html）を参照のこと。なお，第12回調査（2002年）と第13回調
査（2005年）のみ調査間隔は3年である。

(2) 使用した『出生動向基本調査』の個票データは，国立社会保障・人口問題研究所
調査研究プロジェクト「出生動向基本調査プロジェクト」のもとで，統計法第32
条に基づく二次利用申請により使用の承認（令和元年11月7日）を得たものである。

(3) 日本では婚外子割合が2〜3%程度と非常に低く，未婚の場合はほとんどが無子で
ある。ここでは未婚者を無子とみなして論を進めることとする。

(4) 未婚者の就業継続・非継続・不詳の割合は，第13回調査でそれぞれ70.5%・
17.0%・12.5%，第14回調査で71.1%・18.1%・10.8%，第15回で76.3%・
16.0%・7.7%であった。

(5) 初婚有配偶・無子の妻の就業継続・非継続・不詳の割合は，第13回調査でそれ
ぞれ47.1%・47.1%・5.8%，第14回調査で43.0%・50.7%・6.3%，第15回で
53.4%・45.5%・1.2%であった。

(6) 具体的には，出生子ども数が1人で追加出生意欲があり，第1子1歳時には無職
であったが調査時に就業している女性と，出生子ども数が2人で第1子1歳時に
は無職であったが第2子妊娠時には就業していた女性の割合。

(7) 再婚の妻については，前婚を含めた調査時までの出生子ども数はわかるものの，
前婚で子どもを持った場合に出生前後の就業状況のデータが得られない。よって，
本節では分析対象から除外した。なお，第13〜15回調査における妻の総数に占
める再婚の妻の割合は，本節で分析している35歳以上でみるといずれも5%未満
である。

(8) 第13〜15回調査データで，ライフコース別に40歳代の理想子ども数の分布をみ
ると，有子コースの女性では，就業継続・非継続とも理想子ども数が0人の割合
は1%程度であるのに比べ，無子コースでは就業継続・非継続とも約30〜40%が
理想子ども数を0人と回答している。

(9) 理想子ども数0人の女性を除き，45〜49歳の初婚女性の平均初婚年齢を出生有無
別に集計すると，第13回は①出生あり24.97歳，②出生なし29.42歳，第14回
は①25.62歳，②30.81歳，第15回は①26.49歳，②32.21歳であった。

参考文献

阿部正浩（2005）「誰が育児休業を取得するのか―育児休業制度普及の問題点」国立
　社会保障・人口問題研究所編『子育て世帯の社会保障』東京大学出版会，pp.243-
　264.

今田幸子（1996）「女子労働と就業継続」『日本労働研究雑誌』Vol.433, pp.37-48.

今田幸子・平田周一（1992）「女性の就業と出生率：ライフコース・アプローチ」『日
　本経済研究』Vol.22, pp.1-18.

今田幸子・池田心豪（2006）「出産女性の雇用継続における育児休業制度の効果と両
　立支援の課題」『日本労働研究雑誌』Vol.553, pp.34-44.

岩澤美帆（2004）「妻の就業と出生行動：1970 年～2002 年結婚コーホートの分析」『人
　口問題研究』Vol.60(1), pp.50-69.

打越文弥（2017）「育児休業の取得が女性の就業継続に与える中長期的な影響：JGSS-
　2009LCS を用いた生存分析」『JGSS 研究論文集』Vol.17(14), pp.29-40.

香川めい（2013）「初期キャリアの類型化とライフコースの変化」労働政策研究・研
　修機構『働き方と職業能力・キャリア形成：「第 2 回働くことと学ぶことについ
　ての調査」結果より』労働政策研究報告書 No.152, pp.36-62.

国立社会保障・人口問題研究所（2017a）『現代日本の結婚と出産―第 15 回出生動向
　基本調査（独身者調査ならびに夫婦調査）報告書』厚生労働統計協会.

国立社会保障・人口問題研究所（2017b）『日本の将来推計人口― 平成 28（2016）年
　～77（2065）年―附：参考推計 平成 78（2066）年～127（2115）年（平成 29 年
　推計）』厚生労働統計協会.

是川夕（2019）「有配偶女性の人的資本，及び初期キャリアが出生力に及ぼす影響―
　女性就業と出生力の関係の再検討」『人口問題研究』Vol.75(1), pp.1-25.

酒井正・樋口美雄（2005）「フリーターのその後―就業・所得・結婚・出産」『日本労
　働研究雑誌』Vol.535, pp.29-41.

坂口尚文（2011）「パネルデータからみた女性の仕事・結婚・出産」『季刊家計経済研
　究』Vol.92, pp.6-21.

佐々木昇一（2016）「日本における若年層の雇用環境の悪化と結婚行動に関する実証
　分析」『生活経済学研究』Vol.43, pp.31-41.

滋野由紀子（2006）「就労と出産・育児の両立：企業の育児支援と保育所の出生率回
　復への効果」樋口美雄・財務省財務総合政策研究所編『少子化と日本の経済社会

―2つの神話と1つの真実』日本評論社，pp.81-114.

滋野由紀子・大日康史（1999）「保育政策が出産の意思決定と就業に与える影響」『季刊社会保障研究』Vol.35(2), pp.192-207.

滋野由紀子・松浦克己（2003）「出産・育児と就業の両立を目指して：結婚・就業選択と既婚・就業女性に対する育児休業制度の効果を中心に」『季刊社会保障研究』Vol.39(1), pp.43-54.

新谷由里子（1998）「結婚・出産期の女性の就業とその規定要因：1980年代以降の出生行動の変化との関連より」『人口問題研究』Vol.54(4), pp.46-62.

菅桂太（2008）「わが国における40歳時無子の傾向と要因に関する考察―家族形成行動の観点から」『人口学研究』Vol.42, pp.57-70.

菅桂太（2011）「有配偶女子のワーク・ライフ・バランスとライフコース」『人口問題研究』Vol.67(1), pp.1-23.

駿河輝和・西本真弓（2002）「育児支援策が出生行動に与える影響」『季刊社会保障研究』Vol.37(4), pp.371-379.

駿河輝和・張建華（2003）「育児休業制度が女性の出産と継続就業に与える影響について―パネルデータによる計量分析」『季刊家計経済研究』Vol.59, pp.56-63.

田中佑子・西村由美子（1986）「職業継続に及ぼす学歴効果」天野正子編『女子高等教育の座標』垣内出版, pp.203-224.

永瀬伸子（1999）「少子化の要因：就業環境か価値観の変化か：既婚者の就業形態選択と出産時期の選択」『人口問題研究』Vol.55(2), pp.1-18.

永瀬伸子（2002）「若年層の雇用の非正規化と結婚行動」『人口問題研究』Vol.58(2), pp.22-35.

永瀬伸子（2014）「育児短時間の義務化が第1子出産と就業継続，出産意欲に与える影響：法改正を自然実験とした実証分析」『人口学研究』Vol.50, pp.27-53.

長津美代子（1991）「共働き夫婦における第一子出生にともなう対処―常雇と自営の場合―」『日本家政学会誌』Vol.42(2), pp.127-139.

野口晴子（2007）「企業による多様な『家庭と仕事の両立支援策』が夫婦の出生行動に与える影響：労働組合を対象とした調査の結果から」『季刊社会保障研究』Vol.43(3), pp.244-260.

樋口美雄（1994）「育児休業制度の実証分析」社会保障研究所編『現代家族と社会保障：結婚・出生・育児』東京大学出版会.

樋口美雄（2007）「女性の就業継続支援策：法律の効果・経済環境の効果」『三田商学研究』Vol.50(5), pp.45-66.

丸山桂（2001）「女性労働者の活用と出産時の就業継続の要因分析」『人口問題研究』Vol.57(2), pp.3-18.

麦山亮太（2017）「職業経歴と結婚への移行─雇用形態・職種・企業規模と地位変化の効果における男女差─」『家族社会学研究』Vol.29(2), pp.129-141.

守泉理恵（2005）「非典型労働の広がりと少子化」『人口問題研究』Vol.61(3), pp.2-19.

守泉理恵（2019a）「日本における無子に関する研究」『人口問題研究』Vol.75(1), pp.26-54.

守泉理恵（2019b）「近年における『人口政策』─1990 年代以降の少子化対策の展開」比較家族史学会監修，小島宏・廣嶋清志編『人口政策の比較史─せめぎあう家族と行政』日本経済評論社，pp.197-221.

山口一男（2005）「少子化の決定要因と対策について：夫の役割，職場の役割，政府の役割，社会の役割」『季刊家計経済研究』Vol.66, pp.56-67.

山口一男（2009）『ワークライフバランス：実証と政策提言』日本経済新聞出版社.

吉田浩・水落正明（2005）「育児資源の利用可能性が出生力および女性の就業に与える影響」『日本経済研究』Vol.51, pp.76-95.

Adserá, Alícia（2004）"Changing Fertility Rates in Developed Countries: The Impact of Labor Market Institutions," *Journal of Population Economics*, Vol.17(1), pp.17-43.

Ahn, Namkee and Pedro Mira（2002）"A Note on the Changing Relationships Between Fertility and Female Employment Rates in Developed Countries," *Journal of Population Economics*, Vol.15(4), pp.667-682.

Asai, Yukiko, R. Kambayashi and S. Yamaguchi（2015）"Childcare Availability, Household Structure, and Maternal Employment," *Journal of the Japanese and International Economies*, Vol.38, pp.172-192.

Billari, Francesco C. and Hans-Peter Kohler（2004）"Patterns of Low and Lowest-Low Fertility in Europe," *Population Studies*, Vol.58(2), pp.161-176.

Brewster, Karin L. and Ronald R. Rindfuss（2000）"Fertility and Women's Employment in Industrialized Nations," *Annual Review of Sociology*, Vol.26, pp.271-296.

Castles, Francis G.（2003）"The World Turned Upside Down: Below Replacement Fertility,

Changing Preferences and Family-Friendly Public Policy in 21 OECD Countries," *Journal of European Social Policy*, Vol.13(3), pp.209-227.

d'Addio, Anna and Marco d'Ercole (2005) "Trends and Determinants of Fertility Rates: The Role of Policies," OECD Social Employment and Migration Working Papers No.27.

Engelhardt, Henriette, Tomas Kögel and Alexia Prskawetz (2004) "Fertility and Women's Employment Reconsidered: A Macro-Level Time Series Analysis for Developed Countries, 1960-2000," *Population Studies*, Vol.58(1), pp.109-120.

Hilgeman, C., and Butts, C. (2009) "Women's Employment and Fertility: A Welfare Regime Paradox," *Social Science Research*, Vol.38, pp.103-117.

Hobson, B. and Oláh, L. Sz. (2006) "Birthstrikes? Agency and Capabilities in the Reconciliation of Employment and Family," *Journal of Marriage and Family Review*, Vol.39(3-4), pp.197-227.

Kögel, Tomas (2004) "Did the Association Between Fertility and Female Employment Within OECD Countries Really Change Its Sign? ," *Journal of Population Economics*, Vol.17, pp.45-65.

Luci-Greulich, A. and Thévenon, Olivier (2013) "The Impact of Family Policy Packages on Fertility Trends in Developed Countries," *European Journal of Population*, Vol.29(4), pp.387-416.

Nagase, Nobuko (2017) "The Effect of Family-Friendly Policies on Fertility and Maternal Labor Supply," *Asia Health Policy Program Working Paper* No. 42, Stanford University Walter H. Shorenstein Asia-Pacific Research Center.

Nagase, Nobuko (2018) "Has Abe's Womanomics Worked? ," *Asian Economic Policy Review*, Vol.13, pp.68-101.

Nagase, Nobuko and Mary C. Brinton (2017) "The Gender Divisions of Labor and Second Births: Labor Market Institutions and Fertility in Japan," *Demographic Research*, Vol.36(Art.11), pp.339-370.

Rindfuss, Ronald R., Karen Benjamin Guzzo and S. Philip Morgan (2003) "The Changing Institutional Context of Low Fertility," *Population Research and Policy Review*, Vol.22, pp.411-438.

Thévenon, Olivier and Gauthier, A. (2011) "Family Policies in Developed Countries; A

'Fertility Booster' with Side-Effects," Community, *Work and Family,* Vol.14 (2), pp.197-216.

Yamaguchi, Shintaro, Y. Asai and R. Kambayashi（2018）"Effects of Subsidized Childcare on Mothers' Labor Supply under a Rationing Mechanism," *Labour Economics*, Vol.55, pp.1-17.

（守泉理恵・中村真理子）

第4章　女性のライフコース戦略と家族・仕事・社会のゆくえ

はじめに

　第二次世界大戦後の日本では高度経済成長が起こり，定型的な男女のライフコース・パターンが確立した（山田 1999，宮本 2017a，守泉 2017）。それは皆婚，少産（二子）規範，男女の性別役割分業などで特徴づけられるパターンであり，人口置換水準の出生力をもたらし，同時に家族による扶養・ケアと社会保障制度が生活を保障する仕組みとして機能した。すなわちマクロの人口・経済・社会システムとしても持続可能なレジームであった。

　しかし20世紀の最後の四半世紀に入り経済低迷の時代を迎えると（とりわけバブル経済が崩壊した1990年代以降），ライフコース・パターンは多様化へ方向転換し（守泉 2017），結婚離れ（晩婚・非婚，離婚）や生涯無子の傾向が強まり，人口置換水準をはるかに下回る超少子化状態が定着した。同時に，男女の寿命は著しく伸長し，未曾有の人口高齢化がもたらされた。家族の紐帯は弱まり，社会保障財政も危機に瀕している（山田 2005）。すなわちマクロのシステムとしても持続不可能な状態に陥っている。

　いま21世紀初頭の日本にあって，私たちは，個人のライフコースの希望実現とマクロの人口・経済・社会システムの持続可能性の両立という難題を抱えている。本章では，この大きな課題に取り組むために，女性のライフコースに関する展望や戦略の実態を捉え，それが個人の希望実現という観点と，マクロの持続可能性という観点から，どのような問題をはらんでいるのか，また問題の解決あるいは緩和に向けてどのような政策が立てられるべきなのか検討する。

　研究方法を述べると，第1に，個人のライフコースに関する意識と行動を一般モデル化するために「ライフコース戦略」という概念を導入する。この概念の意義，課題等について理論的に検討する（第1節）。第2に，「ライフコース戦略」の代理指標として，国立社会保障・人口問題研究所が実施している『出生動向基本調査』の未婚女性の「理想・予定のライフコース」に着目する。この「理想・予定」の変化についてデータに基づき検討する（第2節）。第3に，上記の変化の要因や背景についての議論を概観し，女性個人のライフコースの希望実現とマクロのシステムの持続可能性（とりわけ少子化の是正・緩和）の両立に向け，政策のあり方について考察する（第3節）。

第1節　「ライフコース戦略」の概念と意義

（1）「ライフコース戦略」の概念と先行研究事例

　ライフコースとは，個人が生まれてから死ぬまでの人生の軌道である（宮本2017a）。それは一面では個人が置かれた状況すなわち人口・経済・社会構造や制度によって規定される（構造・制度には，個人の行動を制約する一方で促す作用がある）が，半面，個人が意識的に取り組み行動した結果でもある。この個人の主体的な意識や行動は，ライフコースの中長期的課題（就学，就業，家族形成など）に対しては，単なる一時的思いつきやその場しのぎではなく，一連の展望をなし，なおかつ限られた資源や時間の最適な配分という観点が含まれることから，ある種の「戦略」と捉えることができる[1]。

　たとえば，松田（2013, pp.39-43）は夫婦の「働き方戦略」として①分業戦略と②共働戦略の2つを挙げ，①は「夫婦の一方が仕事，他方が家事・育児と役割分担するもの。妻が子育ての一段落した後にパートなどとして家事・育児に支障のない範囲で働いているようなケースは，こちらに分類した方がよい」，②は「夫婦がともに仕事，家事・育児もおこなうもの」と定義する。この「戦略」の捉え方は，さらに長期的な展望に拡大することが可能であり，宮本（2010）

と仁平（2018）は，「ライフコース戦略」の語を用いている。

　宮本（2010）論文（「専門高校女子生徒の将来像：ライフコース戦略と職業アスピレーション）では，「仕事本位志向」（強，弱）と「家事・育児分担志向」（妻型，非妻型）をクロスさせ，①「家庭重視」タイプ，②「仕事重視」タイプ，③「両方重視」タイプ，④「重視なし」タイプというライフコース戦略の4類型を作成した。女子生徒がライフコースを見据えて，家庭との両立のため，夢を追わない現実的な就業志向を持つケースについても言及している。仁平（2018）は，消費者のライフコースを戦略的に発想する重要性から，消費者の主体的な「ライフコース戦略（生活戦略，働き方戦略，配偶戦略，結婚戦略，夫婦戦略など）」の価値軸を提唱し，今後は生命保険会社の役割として，「ライフコース・パースペクティブ」による個人の「ライフコース・スケジューリング（人生航路の予定表）」の戦略提案が重要となるという。また天野（2014）は，「ライフコース戦略」の語は用いていないが，老後の年金生活まで視野に入れた生活設計教育，ライフプランを軸に論考している。村松（2000）も女子学生の「ライフコース展望とその変動」について検討しており，「理想」のライフコース展望と「実際になりそうなパターン」のギャップを，勤続型（39.6％→26.9％），再参入型（44.1％→41.7％），退職型（16.2％→31.0％），無職（0.0%→0.5％）に分けている（いずれも，理想→実際）。

　筆者らは，「人生100年時代」と言われるほど老年期が顕著に延長した現在および将来の日本にあっては，老年期も含め，成人に達した男女が独立した存在として人生をまっとうすべく，ライフコース上の諸課題に立ち向かって生きる全過程を視野に収めるべきであると考える（佐藤 2014）。このような個人の主体的な意識の総体を本章では一般モデル化し，「ライフコース戦略」と呼ぶことにする。[2][3]

　ライフコース戦略は男女で異なるが，本章では女性のライフコース戦略を扱う。つまり今日の日本では20歳に達した女性は約70年の平均余命を持つが，この70年間いかに生きてゆくかという問題への個々人の対処のありかたである。それは本人にとっても社会にとっても基本的な問題である。なお「生きる」

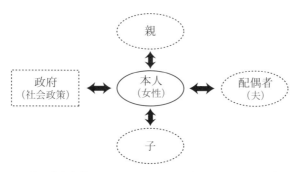

図 4-1　一人の成人女性のライフコースにおいて相互に頼れる相手（概念図）

ことには様々な側面があるが，ここでは主に経済生活（家計）に着目する。

　成人女性がライフコースを全うする上で基本的に力となるものは自身の人的
資本（健康，教育達成，職業能力，家事能力など）とそれに基づく活動である
が，一人の力だけではなく，主に4つの相互に頼れる相手（パートナー）をも
つといえる。それは**図4-1**に概念図として示した通り，親，配偶者（夫），子，
そして政府（国，地方自治体）である。前3者は近代以前の社会にも見られる
相互関係であるが，個人と政府の相互関係（個人は政府あるいは公的機関に税
と社会保険料を納め，一方で社会保障給付などの公共サービスを受ける）は現
代社会に特有のものである。

(2)「ライフコース戦略」の類型

　結婚（しない M0／する M1），子ども（もたない C0／もつ C1），家計（無業
E0／非本格就業 E1／本格就業 E2）の3つの観点から女性のライフコース戦略
について（2×2×3＝）12通りのパターンが想定される。なお無業（E0）に
は，結婚前の腰掛け的就業や結婚後の家計補助的就業を含める。

　ここで，「本格就業」とは，典型的には，正規就業，終身雇用（または自営）
で，自身と家族の生活がまかなえ，持ち家を購入できるほどの生涯所得とまず
まずの額の退職金を得，退職後はまずまずの年金を受給できるような就業のこ
とである。生涯続けられる仕事を持つキャリア就業ともいえる。これに対し，

「非本格就業」とは，就業はするが，その低い所得では生涯にわたる自身の家計を維持することが厳しい就業のことである。[4] 多くは非正規就業，非キャリア就業であり，労働市場で周縁的労働力をなす。この「非本格就業」類型は，男女の学歴差，労働市場における構造的な男女格差によるところも大きいが，結果的には生活維持のため，配偶者，親（あるいは子や他の親族），政府のいずれかに（一部でも）依存せざるを得ないケースも含まれる。[5] なお非本格就業には不本意就業も含まれることに留意する必要がある。

　この 12 通りのパターンのうち，ここでは以下の主要な 6 つの類型（戦略 1〜6）に注目する。なお結婚する場合，夫は稼得者であることを前提とする。[6] また「就業せず，結婚もせず，親（または政府）に経済的に依存」という行動様式もあり得るが，システムのあり方として長期的に持続可能とはいえない（親はいつまでも生きているわけではないし，政府の財源にも限りがある）ので戦略には含めないことにする。

　以下，6 類型について概略説明する。

1）戦略 1（M0，C0，E2）：非婚無子本格就業戦略

　生涯結婚しない（あるいは一時的に結婚しても結婚を一生継続するつもりはない）場合（一般に子は持たない）の家計は，無業 E0 では生活が成り立たたず，非本格就業 E1 では最低限の生活も厳しいので，目指すべき戦略としては本格就業 E2（ある程度豊かな生活ができる）のみといえる。

　しかし現実には労働市場の問題もあり，E2 に至らず，非婚非本格就業（M0，E1）あるいは非婚無業（M0，E0）という独身貧困女性の状態に陥ることも少なくない。ことに離婚女性や未婚の母の場合，そのような状況に陥りやすい（白波瀬 2010）。

2）戦略 2（M1，C1，E0）：専業主婦有子戦略

　性別役割分業パターンである。日本では，経済発展前は武家や一部の富裕層のみにみられたが，経済発展後，都市サラリーマン層から始まり，全国的に広く見られるパターンとなったとみられる。「近代家族」の一般形とみなされるようになった。日本の社会保障制度はこのパターンに照準を当てている（守泉

2017)[7]。夫が中高所得の場合，（老後も含めて）まずまずの生活ができる。しかし夫が低所得の場合，生活はかなり苦しい（周 2019）。

3）戦略3（M1，C1，E1）：共働き（妻非本格就業）有子戦略

夫婦共働き（共稼ぎ）戦略の一つであるが，妻は非本格就業であり低所得である。夫が中高所得の場合（戦略3a），戦略2に類似しているともいえる（夫婦で1.5人分の働き方と見ることもできる）。一方で夫が低所得（夫も非本格就業）の場合（戦略3b），夫婦ともに低所得あるいは不安的雇用であり，経済的に楽ではない。戦略3bは，経済が発展する前（江戸時代から明治，大正，昭和初期）の日本の庶民の間では一般的なパターンであった（ただし夫がより稼得的役割，妻がより主婦的役割を担ったことであろう）。今日の日本で，夫婦とも低所得あるいは無業の「ウィーク・カップル」が注目を集めつつある（橘木・迫田 2013）。

4）戦略4（M1，C1，E2）：共働き（妻本格就業）有子戦略

もう一つの共働きパターンである。1980年代以後の女性の高学歴化・社会進出とともに，多く見られるパターンになった。出産・育児期には保育サービスの利用が女性の就業継続の鍵となり，出産・育児期に妻が一時離職（育児休業）する形もある。共働きでも家事分担は妻に偏っているケースが多いと言われる（津谷 2016）。夫婦とも高所得の場合「パワー・カップル」と呼ばれる（橘木・迫田 2013）。

5）戦略5（M1，C0，E1）：共働き（妻非本格就業）無子戦略

夫婦共働きで子を持たない戦略の一つであるが，妻は非本格就業であり低所得である。夫が中高所得の場合（戦略5a）と夫が低所得（夫も非本格就業）の場合（戦略5b）が想定される。戦略5aでは子を育てる経済力があるので，あえて子を持たないという戦略を抱く夫婦は日本では稀であろう。問題は夫が低所得（夫も非本格就業）の場合（戦略5b）で，夫婦ともに低所得あるいは不安定雇用で経済的に楽ではない「ウィーク・カップル」であることから，子を育てる経済的余裕がなく，あえて子を持たないという戦略をとらざるを得ない。妻が非本格的就業（非正規就業）のため，育児休業や保育サービスのような公

的制度を利用しにくいという事情もある。

6) 戦略6 (M1, C0, E2): 共働き (妻本格就業) 無子戦略

　中高所得どうしカップルの無子戦略である。この夫婦は，夫婦とも高所得の場合，前述の「パワー・カップル」でもある。子を育てる経済的余裕があるにもかかわらず子を持たない戦略をとる理由としては，子どもより夫婦生活を優先する場合と，妻が仕事で忙しく子育てとの両立が困難な場合の2通りが考えられる。

　本研究では，以上6つの戦略を設定するが，これを松田 (2013, p.39-43) と比較すると，戦略2が「分業戦略」に，戦略3・戦略4・戦略5・戦略6が「共働戦略」に対応する。

　次節では，「ライフコース戦略」の代理指標として，国立社会保障・人口問題研究所が実施している『出生動向基本調査』の未婚女性の「理想・予定のライフコース」に着目し，その「理想・予定」の変化と要因についてデータに基づき検討する。

第2節　未婚女性の理想・予定ライフコースの変化

(1) 未婚女性のライフコース観

　近年，日本の未婚女性はどのようなライフコース観を持っているのだろうか。本節では，1980年代後半以降の女性のライフコース観の変化を把握するため，国立社会保障・人口問題研究所が5年ごとに実施している全国標本調査である『出生動向基本調査』から未婚女性の「希望するライフコース」に着目する（同調査の概要は国立社会保障・人口問題研究所 (2017) に記載されている）。この調査では，第9回調査 (1987年) から未婚女性の「希望するライフコース」についてたずねており，最新の第15回調査 (2015年) まで約30年間の女性のライフコース観の変化を捉えることが出来る。具体的には，未婚女性が自らの結婚，出産・子育てと就業との関係をライフコース上でどのように組み立てたい

と考えているのかを，理想とするライフコース（理想ライフコース）と実際に
なりそうだと考えるライフコース（予定ライフコース）に分けて質問している。
　実際の女性のライフコース観は複雑であるが，この調査では，結婚，出産・
子育てと就業との関係を軸に「専業主婦コース」，「再就職コース」，「両立コー
ス」，「DINKS コース」，「非婚就業コース」の 5 つのコースに典型化している。[8]
本節においても，上記の 5 つのコースに基づいて，7 回にわたる調査ごとの変
化や基本属性による「理想・予定」の違いから 1980 年代後半以降の女性のライ
フコース戦略のありようを探ることにする。

(2) 理想・予定ライフコースの変化

　表 4-1 は，出生動向基本調査の第 9 回（1987 年）から第 15 回調査（2015 年）
までの「未婚女性の理想ライフコース，予定ライフコース」および「未婚男性
がパートナー女性に期待するライフコース」の回答（割合）を示したものであ
る。理想ライフコースは第 10 回調査（1992 年）から第 11 調査（1997 年）にか
けて専業主婦コースの割合が 3 割強から 2 割弱へと大きく減少し，その後第 15
回調査（18.2％）まで大きな変化は見られない。また，第 9 回調査以降両立コー
スの割合が一貫して増加し，第 15 回調査では 32.3％にまで増加している。
　一方，予定ライフコースでは，専業主婦コースの割合はやはり一貫して，し
かもより急速に減少しており，第 15 回調査では 7.5％となった。つまり現在で
も未婚女性の 2 割程度が専業主婦コースを理想としているものの，実現しそう
であるとするものは 1 割にも満たない。また，両立コースおよび非婚就業コー
スの割合の増加傾向が続いており，第 15 回調査で両立コースは 3 割近くに達
し，非婚就業コースは初めて 2 割を上回った。
　再就職コースを理想とする未婚女性は，常に 3 割前後を占め，近年まで大き
な変化はない。他方，再就職コースを予定とするものは第 10 回調査で 45.8％と
未婚女性の半数近くを占めるに至ったが，第 13 回調査（2005 年）では 4 割を
割り込み，第 15 回調査では 3 割程度にまで減少した。

（3）未婚男性がパートナーに期待するライフコース

　表4-1 に示したように，未婚男性がパートナーとなる女性に望むコースでも，女性の予定ライフコースと同様に専業主婦コースの割合が減少し，両立コースの割合が増加する傾向が一貫して見られる。パートナーに専業主婦を望む未婚男性が第9回調査の4割弱（37.9％）から第15回調査の1割（10.1％）に減少する一方で，この間に両立コースを望む割合は1割から3割強に増加した。両者の割合は2000年前後に逆転した。

表 4-1　調査別，未婚女性の理想・予定ライフコースおよび
未婚男性が期待する女性ライフコース

	調査（調査年次）	総数(%)	専業主婦	再就職	両立	DINKS	非婚就業	その他・不詳
女性の理想	第 9 回調査（1987年）	100.0	33.6	31.1	18.5	2.5	3.7	10.7
	第10回調査（1992年）	100.0	32.5	29.7	19.3	4.1	3.3	11.1
	第11回調査（1997年）	100.0	20.6	34.3	27.2	4.4	4.4	9.2
	第12回調査（2002年）	100.0	18.5	36.7	27.3	4.0	5.3	8.2
	第13回調査（2005年）	100.0	18.9	33.3	30.2	4.1	5.1	8.4
	第14回調査（2010年）	100.0	19.7	35.2	30.6	3.3	4.9	6.3
	第15回調査（2015年）	**100.0**	**18.2**	**34.6**	**32.3**	**4.1**	**5.8**	**5.1**
女性の予定	第 9 回調査（1987年）	100.0	23.9	42.2	15.3	1.4	7.1	10.1
	第10回調査（1992年）	100.0	19.2	45.8	14.7	2.6	9.5	8.2
	第11回調査（1997年）	100.0	17.7	42.9	15.5	3.0	9.3	11.6
	第12回調査（2002年）	100.0	13.6	41.8	17.5	4.0	12.5	10.6
	第13回調査（2005年）	100.0	11.7	37.1	20.8	3.2	15.6	11.7
	第14回調査（2010年）	100.0	9.1	36.1	24.7	2.9	17.7	9.5
	第15回調査（2015年）	**100.0**	**7.5**	**31.9**	**28.2**	**3.8**	**21.0**	**7.5**
男性の期待	第 9 回調査（1987年）	100.0	37.9	38.3	10.5	0.7	0.8	11.9
	第10回調査（1992年）	100.0	30.4	44.2	10.8	0.9	0.6	13.0
	第11回調査（1997年）	100.0	20.7	43.4	17.0	1.5	1.0	16.4
	第12回調査（2002年）	100.0	18.1	46.8	18.7	1.4	1.6	13.4
	第13回調査（2005年）	100.0	12.5	38.7	28.2	2.8	3.0	14.7
	第14回調査（2010年）	100.0	10.9	39.1	32.7	2.6	3.7	11.0
	第15回調査（2015年）	**100.0**	**10.1**	**37.4**	**33.9**	**3.3**	**3.6**	**11.5**

（資料）　国立社会保障・人口問題研究所『出生動向基本調査』．
　（注）　調査別の集計客体数（未婚男性，未婚女性）：第 9 回（2605, 3299），第 10 回（3647, 4215），第 11 回（3612, 3982），第 12 回（3494, 3897），第 13 回（3064, 3139），第 14 回（3406, 3667），第 15 回（2706, 2570）．

（4）基本属性別にみた理想・予定ライフコース

　ここでは出生動向基本調査に表れた未婚女性のライフコース観の構造をより詳細に把握するため，年齢，学歴，収入の3つの基本属性別に理想ライフコースの1980年代後半から2010年代半ばまでの変化を比較する。

1）年齢別

　図4-2は，18〜24歳と25〜34歳の未婚女性の理想ライフコースを調査ごとに示したものである。どちらの年齢層でも1990年代後半より専業主婦志向が弱まり，両立志向が強まる傾向が見られる。25〜34歳の未婚女性は，同年齢層の半数以上が有配偶であることから，比較的結婚志向の弱い（あるいはキャリア志向が強い）女性が未婚に留まっている可能性もある。それゆえ非婚就業やDINKSの割合が高くなると予想されたが，2つの年齢層の間にそれほど大きな差は見られない。また近年指摘されるような，若い世代の専業主婦・再就職志向の高まりは確認されず，どちらの年齢層でも両立コースの割合が増加している。総じて，未婚女性の年齢層による違いは見いだせない。

2）学歴別

　図4-3は，大学卒と非大学卒の未婚女性の理想ライフコースを調査ごとに示

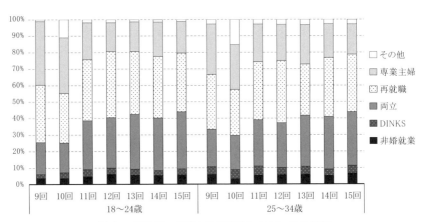

図4-2　年齢別，未婚女性の理想ライフコースの推移

（資料）　国立社会保障・人口問題研究所『出生動向基本調査』.

したものである。非大卒と比較して、大卒では常に両立コースの割合が高く4割前後で推移している。また大卒では、非婚就業やDINKSの割合と合わせると、全体の半数以上が、結婚・出産といったライフイベントの有無にかかわらず就業を継続することを理想としている。一方、非大卒も1990年代後半を境にそれまで主流であった専業主婦コースと再就職コースの割合が漸減しているものの、両者合せた割合は第15回調査においても6割近くを占める。すなわち非大卒の未婚女性では、過半数が一時的にでも家庭に専念することを理想としている（この割合は、大卒の未婚女性でも半数近くを占める）。また非婚就業やDINKSコースの割合は、1990年代半ばまでは、大卒の未婚女性でより高い傾向がみられた。しかし近年では、非大卒においてこの割合の増加が目立っており、非大卒女性で結婚や子を持つ状況が変化している可能性が考えられる。

　総じて、未婚女性のライフコース観は、大卒か非大卒かによって異なった変化を見せており、1990年代半ば以降の女性の両立志向への転換つまり家庭志向（専業主婦・再就職コース）の弱まりは、非大卒の層で顕著に見られたといえる。ライフコース観の変化における学歴間の差異は、ライフコース戦略の変化を探る上での教育歴の重要性を示唆する。

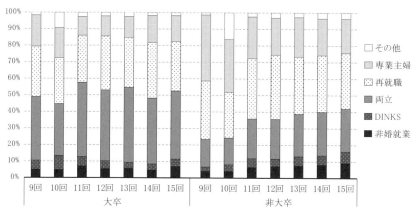

図 4-3　学歴別，未婚女性の理想ライフコースの推移

（資料）　国立社会保障・人口問題研究所『出生動向基本調査』.

3) 年収別

図4-4 は，未婚女性の年収に着目し，① 300 万円未満，② 300 万円以上 500 万円未満，③ 500 万円以上の 3 つの層について，理想ライフコースの割合を調査ごとに示したものである。1990 年代前半までは年収 300 万円未満の未婚女性では，専業主婦コースが半数を占め，再就職コースを合わせると 7～8 割が結婚・出産を機に退職し，家庭に入ることを理想としていた。しかしこの層でも，その割合は低下しつつあり，現在では専業主婦コースは 2 割強，再就職コースは 3 割強と合わせて 6 割程度である。一方，年収 500 万円以上の層では，第 10 回より両立コースが 4 割程度で最も高いものの，近年は非婚就業や DINKS コースが漸増している。このことは高収入の未婚女性の一部で，経済的自立と結婚・出産が切り離して意識される傾向が現れつつあることを示唆している。

(5) 未婚女性のライフコース観と「ライフコース戦略」の対応関係

ここまで見たように，家庭と仕事に関する未婚女性のライフコース観では，専業主婦志向が低下し両立志向が高まる傾向にある。両立コースの場合，女性は生涯にわたって仕事を続けるのでキャリア形成に結びつきやすく，一般に経

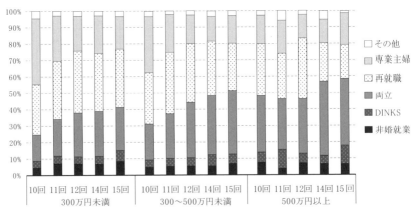

図 4-4 年収別，未婚女性の理想ライフコースの推移

(資料) 国立社会保障・人口問題研究所『出生動向基本調査』．

済的自立が確保されるとみられることから，前節の戦略 4（共働き・妻本格就業・有子戦略）をとる女性の増加を示唆する。また一部は戦略 6（共働き・妻本格就業・無子戦略）と結びついている。

　一方で，再就職コースの割合が 3 割前後と依然として主要な女性のライフコース観であることは変わらない。再就職コースは，前節の戦略 2（専業主婦有子戦略），戦略 3（共働き・妻非本格就業・有子戦略），戦略 5（共働き・妻非本格就業・無子戦略）と対応している。再就職コースを希望する女性の割合が全体としてあまり変わらないとしても，戦略 2・3・5 の間でどのような変化があったのか，今後の分析課題である。

　本章で概念を示したライフコース戦略の最も要をなす点は，女性が生涯における経済的自立を展望するかどうかである。この点を見る一つの手がかりとして，未婚女性を生涯にわたる経済的自立を志向するか否かによって，仮に 2 つのタイプに分けることにする。すなわち①「経済的自立（キャリア継続）タイプ」には，理想のライフコースが「両立」，「非婚就業」，「DINKS」である者を含む。また②「経済的夫依存タイプ」には，理想のライフコースが「再就職」，「専業主婦」である者を含む。なお，再就職コースが主に依存型といえるかどうかについては，さらに検討が必要であるが，主婦の再就職はパートや派遣などの非正規就業がほとんどと見られており（周 2019,p.103），ここでは②に分類した。なお，ここで両立コースは主に自立型と捉えるが，両立コースは中高所得どうしの夫婦とは限らない。低所得（非正規）の妻と中高所得の夫の組み合わせすなわち夫婦で 1.5 人分の働き方（夫が 1，妻が 0.5 だけ家計に貢献）の場合，また低所得どうしの夫婦の組み合わせ（合わせて 1 人分の働き方）の場合も想定される。

　図 4-5 は，これら 2 つのタイプの割合を調査ごとに示したものである。第 9 回調査ではタイプ②（依存）が 7 割と圧倒的多数を占め，タイプ①（自立）は 3 割弱と少数派であった。しかし，ほぼ一貫してタイプ①の割合は高まり，タイプ②の割合は低下した。第 15 回調査では，まだ②が①の割合を上回っているものの，両者は拮抗している。

108

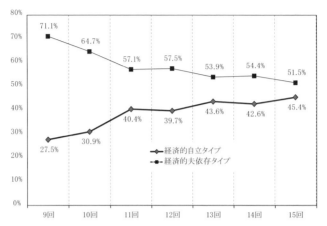

図4-5 調査回別，未婚女性の理想ライフコース（経済的自立，経済的夫依存タイプ別）
（資料）　国立社会保障・人口問題研究所『出生動向基本調査』.

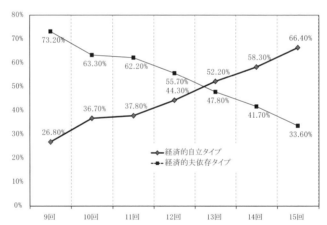

図4-6 調査回別，未婚女性の予定ライフコース（経済的自立，経済的夫依存タイプ別）
（資料）　国立社会保障・人口問題研究所『出生動向基本調査』.

　図4-6は，上記2タイプを「予定のライフコース」に置き換えて，各タイプの割合を調査ごとに示したものである。第9回調査ではタイプ②が7割，タイプ①が3割弱であり，この比において「理想」と「予定」はほぼ一致していた。しかし，その後，予定のコースにおけるタイプ②の割合は急速に減少し，一方

タイプ①の割合は急速に増加した。両者は第 13 回調査（2005 年）で逆転し，第
15 回調査ではタイプ①が 7 割近い多数派を占め，タイプ②は約 3 割と少数派に
なっている。未婚女性の「理想のライフコース」が当初のライフコース戦略に
近いものだとしたら，「予定のライフコース」は現実や置かれた環境を考慮した
「修正的戦略」とみることもできよう。このような修正を迫られる背景には，男
女の雇用の不安定化，老後の生活不安の高まりに加え，理想のライフコースを
追求するのに適した制度・支援の不備等が考えられる。変化しつつある若い世
代のニーズに対し迅速で的確な制度設計が急務となろう。この点に関しては，
今後詳しい検討を要する。

第 3 節　女性のライフコース戦略の背景に関する議論と政策のあり方

　第 1 節では女性の「ライフコース戦略」という概念を導入し 6 つの類型にモ
デル化したが，これに符合するデータは存在しない。そこで，代理指標として
出生動向基本調査の未婚女性の 5 つの「理想・予定ライフコース」に着目し，
第 2 節でその 1980 年代後半から 2010 年代半ばまでの状況と変化について検討
した。主な特徴を挙げると，①理想の面で，専業主婦コースから両立コースへ
のシフトが見られ，男性が女性に期待するコースも同様の傾向が見られる，②
予定の面でも，専業主婦コースから両立コースへのシフトが見られるが，とり
わけ専業主婦コースは近年「理想」と「予定」の落差が大きい，③再就職コー
スの割合は，「理想」で漸増，「予定」で漸減だが，近年は最多数を占めている，
④非婚就業コースは，1980 年代後半にはごく少数を占めるにすぎなかったが，
近年割合が著増している。

　総じて，女性の理想のライフコースは，1990 年代半ばを境に性別役割分業に
基づいた経済夫依存型から経済自立型へ大きく転換している。しかし，この自
立型への転換は，従来の結婚・出産を前提としつつ経済的自立を志向するとい
うだけでなく，自らのライフコースから結婚あるいは子どもを持つという選択

を排除する方向性への転換も一部含まれていることに留意しなくてはならない。特に理想から予定のコースへの戦略修正として「非婚就業」志向が，一方で非大卒，もう一方で高い収入階層の女性において高いことは，経済的自立と結婚し家族をつくることが切り離され，ときには排他的関係にもなり得ることを示している。本節では，これらの傾向の背景要因を探るとともに，政策のあり方について考察する。

（1）女性のライフコース戦略の背景に関する議論

　個人のライフコース戦略とマクロの人口・経済・社会システムとの関わり（その間には構造・制度が介在する）を，①依存戦略から自立戦略へのシフトは，なぜ，どのように起こったのか，②「理想」と「予定」（現実）の間に，なぜ大きな落差（懸隔）があるのか（なぜ，どのように戦略は修正を迫られるのか），③「理想」・「予定」の割合ともに，非婚・無子が増大しているのはなぜか，という3つの論点に絞り，以下，従来の議論を概観する。

1）依存戦略から自立戦略へ

　前節で見たように，女性のライフコース戦略は概ね依存型から自立型へシフトした。それは，大きくいえば，女性のエンパワーメントが進んだ（経済的，社会的，政治的に女性が力をつけた）という一面と，男性への依存が難しくなったという一面によるのであろう。

　男性（夫）への依存が難しくなった背景には，女性からみて十分な経済基盤をもつ男性が相対的に減少したことがある（山田 1999）。バブル崩壊後の経済低迷期には，若年層における非正規雇用者比率が上昇し，若者の結婚意欲を減退させた（守泉 2017）。また生活水準の上昇（たとえば，この間に大学進学が大衆化した一方で大学の学費は大幅に上昇した）により，そもそも稼得者が一人では家計を営むことが難しくなったこともある。

2）理想と現実の落差

　第2節で見たように，理想と現実の懸隔は，主に①結婚したいが，できない（第15回出生動向基本調査で非婚就業コースを選んだ割合は，「理想」5.8％に

対し「予定」21.0%)，②専業主婦になりたいが，難しい（同，専業主婦コース，「理想」18.2%に対し「予定」7.5%)，③結婚・出産後も働き続けたいが，それは難しい（同，両立コース，「理想」32.3%に対し「予定」28.2%）の 3 つの場合に表れている。

　①の説明としては，未婚化をもたらす 2 つの主要な要因を実証的に示した加藤（2011）によると，1 つは 1970 年代半ば以降，経済成長率の低下に伴い相対的に低階層の男性で未婚化が進み，経済的に結婚可能な男性の人口規模が縮小し，女性の側でも結婚相手の供給不足が生じたことである。もう 1 つの主因は，個人主義イデオロギーの普及による共同体的結婚システムの弱体化であるという（加藤 2011）。

　②に関しては，日本では高学歴女性ですら家庭役割重視が根強いことが指摘されている（橘木・迫田 2013）。なぜ日本では，かくも主婦願望が強いのか，歴史的文化的に考察する必要がありそうだ。この点について，家庭にいて献身的な妻であり母であること（良妻賢母）を理想とする意識は，おそらく，13 世紀から 17 世紀にかけて，社会において経済的な生産活動を免除されていたエリート武士階級に発生したのであろうという Rosenbluth（2007）の推察は興味深い。日本では女性の「子育てに専念したい」という意識が強いことも指摘されている（周 2019, pp.133-134）。また山田（2020, pp.75-79）は，日本の女性に夫の収入に依存するのは当然という意識が見られることを指摘し，その要因の一つとして日本の多くの家庭では結婚後は夫の収入も妻が管理することを挙げている。

　また日本では 1980 年代に，所得税の配偶者控除や，基礎年金の第 3 号被保険者制度の導入，遺族厚生年金の拡充などに現れるように，専業主婦の地位を擁護して「男性稼ぎ主」モデルを強化する方向に社会保障の改編がおこなわれた（宮本 2017b）。日本の女性の労働参加は進んだものの男女間の賃金格差は国際的に見ても依然として大きい（菅原 2018）。

　③の説明としては，女性の仕事と家庭の両立環境が整っていないことを多くの論者が挙げており（筒井 2015，宮本 2017b，周 2019），日本の人口・労働・

ジェンダーをめぐる政策論議の主流をなしている。

　3）忍び寄る「非婚・無子」志向

　「理想」・「予定」ともに，非婚・無子を希望する割合が増大しているが，それが真に希望なのか，それとも諦め（現状追認）なのか，重要な研究課題である。また，そもそも未婚男女が「どのような」結婚を志向しているのかが問題である。山田（2019, pp.154-157）は，経済的変化により従来の「性別役割分業型の家族を目指す結婚」が徐々に困難になっているのに，日本社会が従来型の結婚に固執しているがゆえに結婚困難社会になっていると説く。また結婚に関する男女の戦略とマッチングの成否も問題である（佐藤 2014）。

（2）政策のあり方について

　女性個人にとってのライフコースの希望実現と社会の持続可能性（とりわけ，社会保障財政の持続可能性）の両立のために，政策はどうあるべきだろうか。持続可能なマクロシステムの必要条件として，①出生力が人口置換水準にあることと，②財政の支え手となる十分な就業者が存在することが特に重要といえる。①について言えば，出生力が人口置換水準を下回っている限り人口は際限なく減少するので，これを止めるためには合計特殊出生率が2.1まで上昇しなければならない。少なくとも，現在1.3〜1.4台のそれがなるべく2.1に近づく必要がある。②について言えば，経済成長期の1960年代ないし1970年代前半の日本では，男性だけでも大きな労働力人口を擁し高齢期は短かったため，当時としてはひとまず十分な財政の支え手が得られたであろう。しかし21世紀の日本では，長い老年期の到来と社会保障の拡充・高度化により，生産年齢の男性だけで財政を支えることは困難である。マクロ経済を維持するために女性と高齢者の就業促進が必要なのは明らかである（松浦 2020）。

　女性の就業，結婚，出産・子育てに関する政策のあり方については，既に多くの研究があり，多くの提言がなされているが，ここでは従来あまり言われていない2つの点が重要な政策課題として議論されるべきであることを指摘したい。

1）ウィーク・カップル支援の重要性

　橘木・迫田（2013）の，日本の夫婦は「高所得者同士の夫婦（パワー・カップル）」と「低所得者同士の夫婦（ウィーク・カップル）」に分極しており，さらに「結婚できない人たち」という格差が生じているとの指摘は重要である。筒井（2015）も，ともに高い所得を持つ男女からなる「パワフル・カップル」の増加の背景にあるものが，もはや単なる夫の家計補助の役割を超えて就労する女性の増加と，それを可能にした両立支援のための制度や企業の取り組みであると指摘している。

　もし近年強調される「女性活躍推進」が，高い能力を備えた（高学歴・高スキルの）女性が存分に働いて子を生み育てることができるための環境を整備することにのみ政策活用されれば，それはパワー・カップルにいっそう有利な条件をもたらすとしても，ウィーク・カップルと「結婚できない人々」にはさほど恩恵のないことかもしれない。

　経済が発展する前の社会（日本では 20 世紀前半まで）では，庶民の間ではライフコース戦略 3b（ともに低所得あるいは無業の男女が結婚し，家計をともに担う）が主流であったと推測される。低所得どうしの組み合わせにもかかわらず，結婚の一つの形として成り立ったのは，当時は成人の余命が短く，粗くいえば「老後」というものがなかったからである。つまり老後に備えて蓄えをする必要はなかった（その力もなかった）。このことは，現代において示唆的である。

　ウィーク・カップルはポジティブに見れば，カップル単位で経済生活を乗り切る戦略と見ることができる。しかも出生力上昇に寄与することが期待される。今日の日本で，ウィーク・カップルでも一応の生活ができ，子を生み育てることができることが，未婚化・少子化脱却の条件として一つの鍵を握っていると考える。そのためには，ウィーク・カップルの支援，とりわけ老後の保障が重要な政策課題となる。大きく言えば，従来の「専業主婦保護」や「キャリア女性の就業支援」から「ウィーク・カップル支援」へという政策シフトが求められるのではないか。具体策として，人口減少により増えつつある空き家をウィー

ク・カップルの住宅支援に活用することも一案であろう。

　白波瀬（2010）は，これからの公的支援のありかたとして，①職業教育やキャリア教育を複線的に設定し，教育と労働の往き来を容易にすること，②若年層の低所得対策を充実させること，③親から独立して生活できるように住宅支援を提供することの3つを挙げている。これらの対策はカップルに限ったものではないが，少子化緩和の見地からは，とりわけウィーク・カップルに向けられるべきものといえよう。

2）老後を含めた人生プランを立てることの啓発（若いときからの教育の重要性）

　政府は「人生100年時代」を見据えた経済社会システムを創り上げるための政策のグランドデザインを検討する会議として安倍首相を議長とする「人生100年時代構想会議」を2017年9月に設置し，2017年12月に「人生100年時代構想会議：中間報告」が，2018年6月には「人づくり革命：基本構想」がとりまとめられた。(9) また文部科学省では「高校生が進路選択にあたって，就職のみならず結婚，出産，育児などのライフイベントを踏まえて総合的に考えることができるように」内閣府と厚生労働省との連携により，キャリア形成支援教材「高校生のライフプランニング」を作成した。(10)

　どのような人生を生きるかは個人の自由であり，国が特定のコースを強要あるいは排除してはならないことは言うまでもない。しかし福祉国家として，マクロの社会の持続可能性があってこそ，個人の生活と権利が守られることも自明の理である。政府などの動きの是非と内容については大いに議論の余地があるが，個人のライフコースの希望実現と社会の持続可能性の両立という「人生100年時代」を迎える日本社会の根本的問題がすべての国民に関わる重大な課題であること，とりわけ，生涯にわたる教育・就業・社会保障のあり方，そして家族のあり方が問われることは間違いない。

おわりに

「人生 100 年時代」といわれ，日本人のライフコースがこれまでの常識を超える長い時間スケールで構想されるべき時代が到来している。とりわけ女性のライフコースの変容は顕著である。このような時代にあって，個々の女性が希望するライフコースを歩んでいるのか，希望通りでないとしたら，どのように希望からかけ離れているのか，その要因は何か，また（希望通りにせよ，希望から外れているにせよ）女性のライフコースの総体がマクロの人口・経済・社会システムの持続可能性と両立できるのか，といった研究主題が浮上する。その場合，既存研究のように女性の就業・結婚・子育て期に焦点を当てるだけではなく，老後の生活も視野に入れ，人の一生に対してどのような展望がなされるのかという広い視野から接近する必要がある。

そこで本章では，まず「ライフコース戦略」という概念を導入し，その意味と課題について，従来の文献を参照しつつ一般モデル化を試みた（6 つの戦略を類型化した）。次に，『出生動向基本調査』における未婚女性の理想・予定のコース（5 コース）を上記 6 戦略の代理指標とみなして，約 30 年間の変化をデータに基づいて検討した。

その上で，女性のライフコース戦略の成り立ちと変化の背景について，従来の議論を振り返った。マクロの持続可能性と女性のライフコースとの関係では，特に出生行動と女性の就業が注目点である。人口システムが持続可能であるためには出生力が人口置換水準まで上昇する「少子化解消」が必要であり（それが直ちに実現するのは難しいとしても，出生力がなるべくこれに近い水準まで上昇する「少子化緩和」が望ましい），マクロ経済とりわけ社会保障財政が持続可能であるためには，よりいっそうの女性の就業（つまり女性が財政の支え手となること）が必要だからである。

最後に，政策のあり方について考察した。少子化緩和と女性就業促進の点で，従来あまり言われていない視点として，ウィーク・カップル支援が重要である。

また長期化した老後の生活も含めた人生プランを立てることの啓発のあり方（若いときからの教育の重要性）が政策課題に挙がってくる。

　本章はライフコース戦略という概念を導入したが，まだ試論にとどまっており，定義においても曖昧さが多く残っている。たとえば，生涯を見通しての経済的自立か依存かという観点から就業を「本格就業」と「非本格就業」に分けたが，数量的な指標化には至っていない。こういった点は今後さらに検討を進めるべき課題である。

注

(1) 社会学研究における「戦略」概念導入の意義や課題に関しては，西野（1998），田渕（1999），木本（2012），武川（2013），神原（2014）を参照。

(2) 末盛（2017）が概念化を試みている「生活戦略」は，問題意識において，本章の「ライフコース戦略」に近いものであり示唆に富む。ただし末盛は，より短期的な行為（日々の出来事への対応）に視点を当てている。これに対し，本章は，ほぼ個人の一生における自己実現と持続可能性に視点を当てる。また嘉本（2004）は，女子学生のライフコース設定（本章のライフコース戦略に似ているが，老後の生活までは想定していない）について論じ，さらに女子学生のライフコース設定に与える母・祖母の影響について考察した。

(3) 宮本（2017a）によると，ライフコースを歩む人々は，何らかの予定表を作っており，ライフコース論では「ライフコース・スケジューリング」という。また1996年版『イミダス』（集英社）に初めて登場した「ライフデザイン」の語は，自分自身の価値観に沿った人生を積極的に創造していく行為を表現したものといわれる（宮本 2017a）。この2つの語は，本章で提起する「ライフコース戦略」と内容が重なると思われる。

(4) 非本格就業に対応する英語として underemployment あるいは below-subsistence wages がある（Hofmeister *et al.* 2006, p.23）。

(5) 妻が夫に経済的に依存するとは，結婚後夫が働いている間はその所得に依存し，夫の退職後は夫の年金や資産に依存し，夫の死後はその遺産や遺族年金に依存するということである。

(6) 稀に見られるパターンとして稼得者の妻と無業の夫の組み合わせもある。「髪結いの亭主」といわれ，女性の社会進出が盛んになる以前にも見られた。今後「主夫」というパターンが広まるかどうか注目される。

(7) 主要新聞の 4 コマ漫画の主人公一家もこのパターンで描かれてきた（サザエさん，フジ三太郎，アサッテ君など）。この類型では夫の所得は高所得から中所得まで幅があるが（低所得では主婦を養うことは厳しい），フジ三太郎やアサッテ君は中所得の稼ぎ手として設定されており，生活臭にあふれ（いつも稼ぎの少なさを妻になじられている）広く国民大衆の共感を得た。

(8) 「女性のライフコースの 5 分類」は，次の通りである。「専業主婦コース」: 結婚し子どもを持ち，結婚あるいは出産の機会に退職し，その後は仕事を持たない。「再就職コース」: 結婚し子どもを持つが，結婚あるいは出産の機会にいったん退職し，子育て後に再び仕事を持つ。「両立コース」: 結婚し子どもを持つが，仕事も一生続ける。「DINKS コース」: 結婚するが子どもは持たず，仕事を一生続ける。「非婚就業コース」: 結婚せず，仕事を一生続ける。

(9) 厚生労働省ホームページ（「人生 100 年時代」に向けて），https://www.mhlw.go.jp/stf/seisakunitsuite/bunya/0000207430.html（2020 年 3 月 8 日閲覧）。

(10) 文部科学省ホームページ（高校生のキャリア形成支援教材「高校生のライフプランニング」），https://www.mext.go.jp/a_menu/ikusei/kyoudou/detail/1411247.htm, https://www.mext.go.jp/a_menu/ikusei/kyoudou/detail/1411247.htm（2020 年 3 月 8 日閲覧）。

参考文献

天野晴子（2014）「教育の現場から: 多様化するライフコースにおける生活設計教育とリスク管理」（生命保険文化センター: 2014 年度夏季セミナー報告〈基調講演〉），https://www.jili.or.jp/kuraho/2014/kyoiku/web07/web07.html.

加藤彰彦（2011）「未婚化を推し進めてきた 2 つの力: 経済成長の低下と個人主義イデオロギー」『人口問題研究』Vol.67(2), pp.3-39.

嘉本伊都子（2004）「女子学生のライフコース設定と就労意識: 2003 年度質的調査を通して」『京都女子大学現代社会研究』Vol.7, pp.63-81.

神原文子（2014）「『家族戦略論』アプローチの有効性と限界」『家族社会学研究』

Vol.26(1), pp.45-52.

木本喜美子（2012）「家族戦略論の現代的課題」『家族社会学研究』Vol.24(1), pp.50-55.

国立社会保障・人口問題研究所（2017）『現代日本の結婚と出産：第15回出生動向基本調査（独身者調査ならびに夫婦調査）報告書』（調査研究報告資料第35号）.

佐藤龍三郎（2014）「男女のライフコース戦略と人口転換」金子隆一（研究代表）『科学研究費助成事業（科学研究費補助金）（基盤研究（B））：第一，第二の人口転換の解明に基づいた人口・ライフコースの動向と将来に関する研究：平成23〜25年度：総合研究報告書』, pp.130-141.

周燕飛（2019）『貧困専業主婦』新潮社.

白波瀬佐和子（2010）『生き方の不平等：お互いさまの世界に向けて』岩波書店.

末盛慶（2017）「生活戦略という概念の可能性」『日本福祉大学研究所紀要：現代と文化』Vol.136, pp.153-167.

菅原佑香（2018）「産業別に見た男女間賃金格差はこの10年でどう変化したのか」『大和総研調査季報』Vol.32, pp.84-95.

武川正吾（2013）「家族戦略？：個人戦略と公共政策の狭間で」『家族社会学研究』Vol.25(1), pp.43-51.

橘木俊詔・迫田さやか（2013）『夫婦格差社会：二極化する結婚のかたち』中央公論新社.

田渕六郎（1999）「『家族戦略』研究の可能性：概念上の問題を中心に」『人文学報』No.300（社会福祉学15）, pp.87-117.

筒井淳也（2015）『仕事と家族：日本はなぜ働きづらく，産みにくいのか』中央公論新社.

津谷典子（2016）「ジェンダー・家族関係の変容」佐藤龍三郎・金子隆一編『ポスト人口転換期の日本』原書房, pp.135-158.

西野理子（1998）「『家族戦略』研究の意義と可能性」丸山茂・橘川俊忠・小馬徹編『家族のオートノミー』早稲田大学出版部, pp.54-75.

仁平京子（2018）「生産年齢人口減少社会における家族の個人化と生命保険市場の課題：消費者のライフイベントの多様化とライフコース戦略の導入」『生命保険論集』Vol.202, pp.97-128.

松浦司（2020）『現代人口経済学』日本評論社.

松田茂樹（2013）『少子化論：なぜまだ結婚, 出産しやすい国にならないのか』勁草書房.

宮本幸子（2010）「専門高校女子生徒の将来像：ライフコース戦略と職業アスピレーション」（ベネッセ教育総合研究所調査報告書『都立専門高校の生徒の学習と進路に関する調査〈2008 年〉』収載），https://berd.benesse.jp/shotouchutou/research/detail1.php?id=3201.

宮本みち子（2017a）「変わるライフコース」宮本みち子・大江守之編『人口減少社会の構想』放送大学教育振興会，pp.120-141.

宮本みち子（2017b）「くらしのセーフティ・ネット」宮本みち子・大江守之編『人口減少社会の構想』放送大学教育振興会，pp.160-179.

村松幹子（2000）「女子学生のライフコース展望とその変動」『教育社会学研究』Vol.66，pp.137-155.

守泉理恵（2017）「ライフコースの変化と社会保障」国立社会保障・人口問題研究所編『日本の人口動向とこれからの社会：人口潮流が変える日本と世界』東京大学出版会，pp.169-183.

山田昌弘（1999）『パラサイト・シングルの時代』筑摩書房.

山田昌弘（2005）『迷走する家族：戦後家族モデルの形成と解体』有斐閣.

山田昌弘（2019）『結婚不要社会』朝日新聞出版.

山田昌弘（2020）『日本の少子化対策はなぜ失敗したのか？結婚・出産が回避される本当の原因』光文社.

Hofmeister, Heather, Melinda Mills, and Hans-Peter Blossfeld（2006）"A Globalization, Uncertainty and Women's Midcareer Life Courses: A Theoretical Framework 1," H.-P. Blossfeld and H. Hofmeister (eds.), *Globalization, Uncertainty and Women's Careers: An International Comparison,* Cheltenham, UK: Edward Elgar, pp.3-31.
（https://www.researchgate.net/profile/Melinda_Mills/publication/238081474_Globalization_Uncertainty_and_Women）

Rosenbluth, Frances Mccall（2007）"The Political Economy of Low Fertility," Rosenbluth, Frances Mccall (ed.), *The Political Economy of Japan's Low Fertility*, Stanford: Stanford University Press, pp.3-36.

（佐藤龍三郎・新谷由里子）

第5章　生涯未婚・シングル女性の経済生活

はじめに

　女性の未婚率が上昇している。2015年の『国勢調査』によると女性の生涯未婚率[(1)]は14.1%であった。過去の女性の生涯未婚率を見ると1970年から長く5%を下回っていたものの、1995年は5.1%、2000年は5.8%、2005年は7.3%、2010年は10.6%であった。近年、急速に生涯未婚率が上昇している。女性の生涯未婚率は将来推計では2020年には17.5%と上昇し、2025年には18.4%（国立社会保障・人口問題研究所　2018）になるとされている。つまり今後は生涯未婚となり、一人で人生を送る女性が増えていくということになる。ちなみに2015年の『国勢調査』を見ると、50歳の女性の未婚者は13.6%、死別者が1.9%、離別者が10.4%と計25.9%の女性が単身となっている。未婚だけでなく離別によっても単身女性は増えている。つまり2015年において50歳の女性の4人に一人には配偶者がいない。これまで女性のライフコース分析というと結婚や出産に注目が集まりがちであったが、これだけ単身女性が増えてきていることを考えると、シングル女性の分析も重要だと思われる。ただし、この稿で取り上げるのは一度も結婚したことのない女性のみであり、離別者及び死別者は扱わない。

　2015年時点では未婚率が高く、人口の多い団塊ジュニア世代（1971～1974年生まれ）は、まだ41～44歳であった。同年、40～44歳の女性の未婚率は19.3%（親に当たる団塊世代の40～44歳時点の女性の未婚率は5.8%）である。このままの傾向が続けば、生涯未婚率の上昇と人口の多さから、団塊ジュニアが65歳

に達しだす 2035 年以降は新たに何十万人の単身高齢女性が出現することにな
る。『就業構造基本調査』から 50〜54 歳の一度も結婚したことのない未婚女性
の人数の推移を見てみると，2007 年には約 25 万人，2012 年には約 33 万人，
2017 年には約 50 万人となっている。

　それではこの女性たちの経済状況はどのようなものであろうか。「一億総活
躍」「輝く女性」という言葉が喧伝され，女性の管理職比率の上昇が目指される
中で，社会的に高い地位と経済力を得る女性もいる。しかし，すべての女性，
特に単身女性は安定した人生を歩んでいるのであろうか。

　これまで日本では多くの女性が結婚し，専業主婦となり家庭生活を維持し，
子育てが一段落すれば扶養の範囲内でパートで働き，老後は夫婦の年金で生活
を成り立たせていくと考えられていた。だが，その“標準的”と考えられてい
たライフコースとは違う生き方をする女性も増えている。かつて未婚女性は「パ
ラサイト・シングル」（山田 1999）と称され，「親元で暮らし経済的に豊かであ
るため，結婚する必要がない」と見られていた。だが，厚生労働省（2013）の
調査によると，女性でも収入が高いほど結婚の確率が高いだけでなく，正規雇
用者に比べ，パート・アルバイトや派遣労働者といった非正規雇用の人の方が
結婚する意欲が低くなっている。日本労働組合総連合会（2017）が非正規で働
く女性の調査をしたところ，初職が非正規であった場合，正規であった女性に
比べ結婚確率が低くなっていることを見出してる。つまり，経済的に豊かで配
偶者に頼る必要がなく未婚で働き続けている人がいる一方で，そもそも雇用も
経済基盤も不安定で未婚のままでいる女性もいると考えられる。

　このような状況をとらえ，山田（2013）は女性がパートの低い収入でも良し
とされてきたのは，家族に養われるという前提があったからであり，未婚率が
上昇し家族も不安定化している中で，「女性労働の家族依存モデル」が成り立た
なくなってきているという。つまり安定した仕事も得られず，経済的に支えて
くれる家族もいない（つまり結婚しない）女性の存在が認知されるようになっ
てきた。このような中で相次いで，小杉ら（2017）によって，未婚女性の貧困
問題などの研究がなされている。また男女ともに未婚率が上がり，単身者が増

加することが社会に及ぼす深刻な影響についても指摘されている（藤森 2010）。

　筆者は 2015～2016 年にかけて，30 代を中心に大卒で無業の女性たちの聞き取り調査を実施した（前田 2017）。就職活動に失敗し，「いずれ結婚すればなんとかなる」と考えている間に年齢を重ね，空白期間が長くなり途方に暮れている人，初職が非正規で理不尽な雇止めや劣悪な就労環境で体を壊し，働きたくても働けなくなっている人もいた。本人だけを見れば殆ど収入がなく貧困であったが，親と同居しているので生活は貧困ではない。しかし，親も年金生活に入るなどして経済的に娘の生活を支えるのが難しくなり，本人たちもいよいよ何とかしなくてはならない，と考えていた。だがすぐにハローワークに行って職探しをできるような状況ではなく，何らかの支援が必要だと思われた。実は調査対象の候補者の中には 40 代の人もいたのだが，筆者は聞き取りをしなかった。なぜなら当時は，様々な就労支援や相談窓口は 39 歳までが対象であり，40歳以上は支援対象ではなく，調査対象者に相談を受けた際に紹介できる窓口も支援もなかったからである。[2]

　だが，働いているから安定しているとは限らない。女性の非正規雇用者比率は高く，正規雇用であっても男女の所得格差がある。[3]そこで本稿では 40～50 代の未婚女性（つまり結果として生涯未婚になる可能性の高い人）を取り上げ，その就業状況や経済状況を見ることとする。それによって生涯未婚女性の高齢期の経済生活についての予測を試みたい。

第 1 節　中高年の未婚男女の就業状況

（1）未婚男女の有業・無業状況

　それでは未婚女性の就業状況はどうなっているだろうか。2017 年の『就業構造基本調査』から未婚男女の就労状況を取り出し比較してみよう。数値を**表 5-1**にまとめてみた。未婚であれば，家計を担う配偶者がいないので，自分で働いて生活を維持する必要がある。まず男性の方が未婚率が高いため，未婚者は女

124

表 5-1　未婚男女の有業・無業状況について（2017 年）（単位：人）

2017年	男性				女性			
	40〜44歳	45〜49歳	50〜54歳	55〜59歳	40〜44歳	45〜49歳	50〜54歳	55〜59歳
総数 割合(%)	1,415,600 100%	1,250,500 100%	845,700 100%	589,800 100%	891,900 100%	755,600 100%	500,500 100%	310,400 100%
有業者 割合(%)	1,182,200 83.5%	1,015,200 81.2%	659,200 77.9%	418,400 70.9%	751,700 84.3%	610,800 80.8%	392,100 78.3%	221,100 71.2%
無業者 割合(%)	233,400 16.5%	235,300 18.8%	186,500 22.1%	171,400 29.1%	140,200 15.7%	144,800 19.2%	108,400 21.7%	89,200 28.7%
家事をしている者 割合(%)	35,700 2.5%	33,300 2.7%	34,300 4.1%	31,800 5.4%	60,000 6.7%	71,600 9.5%	58,300 11.6%	43,500 14.0%
通学している者 割合(%)	1,800 0.1%	2,000 0.2%	100 0.0%	600 0.1%	2,400 0.3%	900 0.1%	900 0.2%	600 0.2%
その他 割合(%)	195,000 13.8%	198,600 15.9%	151,800 17.9%	138,300 23.4%	77,900 8.7%	72,200 9.6%	49,200 9.8%	44,800 14.4%

（資料）　総務省『就業構造基本調査』より作成.

性より男性の方が多い。例えば 45〜49 歳の未婚者を見ると男性は約 125 万人，女性は約 76 万人である。また未婚女性の年代別の人数は 50〜54 歳が約 50 万人であるのに比べ，45〜49 歳は約 75.6 万人となる。この背景の一つには 2017 年には団塊ジュニアのなかでも 1971〜72 年生まれの者が 45 歳以上になりだし，45〜49 歳の女性人口が多くなっていることもある。2017 年に女性全体の人口を見ると 45〜49 歳は約 453 万人，50〜54 歳は約 394 万人[4]であり，さらに未婚率も上がっているため 40 代の未婚女性が増えていると考えられる。

　表 5-1 からわかるように男女ともに 40 代の有業者は 8 割以上となっている。だが 50 代に入ると無業者の割合が増えてくる。男女ともに 50〜54 歳では 2 割以上，55〜59 歳では約 3 割近くの者が無業である。未婚の 40〜50 代の男女を見た場合どの年代でも無業率は男女であまり差がなく，50 代になると就労からの撤退が始まっていることが分かる。年金支給開始年齢が 65 歳となる中で，近年は高齢者の継続雇用が進められようとしている。一方で，50 代から無業になる者の経済的状況は盤石なのであろうか。

　それでは無業となっている女性の状況を見てみよう。表 5-1 で見るように無業者はさらに「家事をしている者」「通学している者」「その他」の 3 つに分類

される。表に示している割合はそれぞれが未婚女性全体に占める割合である。未婚女性の 50 代では 1 割以上の者が「家事手伝い」である。55〜59 歳になると無業者は全体で 28.7% である。55〜59 歳の未婚女性全体では「家事手伝い」が 14% になる一方で，「その他」と答えている者も 14.4% となっている。だが「家事手伝い」を選んでいる者も実際に家事をしている者だけではない。

　『就業構造基本調査』では 35〜44 歳，45〜54 歳，55〜64 歳と 10 歳刻みになっているが，無業者で「家事手伝い」や「その他」を選んだ者に何をしているかを，さらに詳しく聞いている。そうすると「家事手伝い」を選んでいる者ののうち実際に育児や介護，家事をしている者は 35〜44 歳は約 19%，45〜54 歳は約 29%，55〜64 歳は約 33% に過ぎない。「家事手伝い」を選びながら，病気・けがのため働いていない者はどの年代でも 3 割を超えている。

　またどの年代も「その他」を選んだ者の半分以上は「病気やけが」のため働けないという理由を選んでおり，4 割の者が「仕事をする自信がない」「特に理由はない」「その他」となっている。つまり，無業になった女性は経済的に働く必要がないため無業になった者もいると考えられる一方で，「家事や介護」「病気やけが」，そして「仕事をする自信がない」などで働けない状況になっている者がいると考えられる。[5] 未婚女性は結婚や出産といったライフイベントがないため，就業は継続しやすいように思われるのに無業状態になっている者がいるのはなぜだろうか。前述した筆者が行った未婚の無業女性への聞き取りから事例を挙げてみよう。就業意欲も高く語学力も技能もあった女性が，初職は希望職種であったものの上司からのパワハラで転職し，さらに転職先の会社が倒産するなどの経験を重ねる中で，すっかり「働くことに意欲や自信が持てない」状況になっていた。職場の巡り合わせが悪く不運も重なる中で，「もう働くのは無理」とあきらめている状況の人もいるのだ。

(2)　未婚男女の有業者の雇用形態

　それでは働いている未婚男女の状況はどうなっているだろうか。有業者がどのような雇用形態で働いているかを，表 5-2 にまとめてみた。まず雇用者比率

表 5-2 未婚男女有業者の雇用形態（2017 年）（単位：人）

	男性				女性			
	40～44歳	45～49歳	50～54歳	55～59歳	40～44歳	45～49歳	50～54歳	55～59歳
総数	1,182,200	1,015,200	659,200	418,400	751,700	610,800	392,100	221,100
割合(%)	100%	100%	100%	100%	100%	100%	100%	100%
雇用者の割合(%)	92.1%	89.4%	88.6%	85.2%	95.4%	94.5%	93.8%	90.9%
正規雇用者の割合(%)	68.8%	67.2%	64.3%	57.9%	60.4%	58.3%	58.4%	54.0%
非正規の割合(%)	20.5%	18.8%	19.9%	23.8%	33.7%	35.0%	33.2%	34.1%
パート・アルバイトの割合(%)	3.1%	3.4%	3.9%	5.9%	12.4%	14.5%	15.0%	18.5%
派遣社員の割合(%)	3.8%	3.3%	3.0%	2.3%	6.5%	7.7%	4.9%	4.2%
契約社員の割合(%)	6.4%	5.8%	6.1%	6.6%	8.0%	6.5%	7.5%	5.4%

（資料）　総務省『就業構造基本調査』より作成.

　を見ると，例えば45～49歳では，男性89.4％，女性94.5％と男性の方が雇用者比率は低い。実はどの年代でも男性の方が女性より自営業が多くなっているからである。

　それでは，女性の年代別の雇用形態を見てみよう。まず女性は雇用者比率は高いものの，正規雇用者は40～44歳は60.4％，55～59歳は54％と未婚で有業女性の5～6割のみが正規雇用者である。逆に非正規雇用者は3割を超えている。男性の場合は，正規雇用者比率は女性より高く，前述したように自営業が多いので，有業者全体に占める非正規雇用者比率は2割前後である。また正規雇用者比率は男女ともに年齢を追うごとに低くなっている。特に女性の場合，50代になると40代に比べ非正規の中でも派遣社員や契約社員の比率が下がり，パート・アルバイトが増える傾向がうかがえる。55～59歳の女性になると働いている人の約半分は正規だが，3割強は非正規であり，さらに2割はパート・アルバイトということになる。つまり年齢を重ねると，非正規の中でもより条件の悪い雇用形態に移行すると考えられる。

　先の表5-1にみるように40代から50代にかけて無業者比率が上がり，50代後半では無業者が3割近くになること，表5-2に見るように女性では有業者であっても3割以上が非正規であることが分かる。つまり50代後半の未婚女性の状況を見ると無業者は3割弱で働いている人は7割強だが，働いている人の3

割は非正規であるので，未婚女性全体から見ると約 2 割は非正規で働いている。50 代後半になると無業者の 3 割と非正規雇用者の 2 割を合わせて 5 割の者は，少なくとも本人の所得は不安定だと考えられる。一方，50 代後半の未婚女性全体のうち正規雇用者として働いている者は 38.5% となる。

　直井（2015）はこの状況が，中高年女性が貧困に陥るプロセスだという。未婚女性の多くが最初は正規職に就くものの，過半数は 5 年以内に退職し，別の仕事に就くが転職を繰り返し，年数を経る間に自分の健康を害したり，親の介護が始まり無業となる者もでる。そして正規雇用者は半分となり，非正規職で転職を繰り返し，勤続年数も短く所得も低くなるというわけだ。しかも近年，状況はさらに悪化しているという。

第 2 節　未婚女性間の学歴格差

（1）学歴別にみる未婚率

　それでは同じ未婚女子であっても学歴で格差はあるだろうか。小杉（2015）は 34 歳までの若年女性を調べ，学歴によって正規雇用者比率が違い，大卒者の正規雇用者比率が高いことを見出している。同じ正規でも専門・短大卒と大卒では所得に格差があること，失業率においても中学・高校卒の者が高くなっていることをとらえ，親の経済力の差が女性の学歴の差を生み出し，それがさらに女性自身の就業機会や経済格差を生み出していると論じている。それでは，40〜50 代の中高年の未婚女性にはこの学歴差はみられるだろうか。まず，未婚女性の学歴別に未婚率，そして有業率を見てみよう。

　図 5-1 に『就業構造基本調査』（2012）より，学歴別の未婚率を試算してみた。学歴は小学・中学卒（以下，中卒），高校・旧制中学卒（以下，高卒），短大・専門学校卒（以下，短大専門卒），大学・大学院卒（以下，大卒）に分けている。これをみると 20 代の間は他の学歴者と比べ中卒の未婚率が低い。これは早い結婚によって高校に進学しなかった，もしくは高校を中退したということも

考えられる。また30代前半も未婚率は中卒は33%、大卒は42%である。とこ
ろが30代後半になるとこの未婚率が逆転し、未婚率は中卒は32%、大卒は26%
となる。この傾向は50代まで継続し、60代では再び他の学歴より大卒の未婚
率が高くなる。だが2012年時点で60代以上という人は1952年以前の生まれで
ある。その世代で女性の大卒者は同世代の5〜7%しかいない少数派の高学歴者
であり、特別な人たちと言える。

　一方、30代から50代前半にかけての世代では中卒は3%強にすぎず（50代
後半で約9%である）、圧倒的に少数派である。高校が全入学化する中で中学卒
であることは、経済的に進学が叶わなかったか、病気などの理由で進学できな
かったとも考えられる。そのような様々な理由が、他の学歴者に比べて未婚率
の高さに結びついているのかもしれない。2012年時点で、40代を見た場合、中
卒の27%が未婚者となっており、50代においても中卒の未婚率は高い。また、

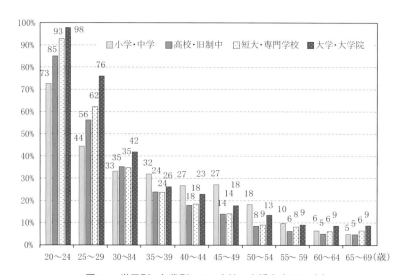

図 5-1　学歴別・年代別にみる女性の未婚率（2012 年）

（資料）　総務省『就業構造基本調査』（2012）より作成.
（注）　独立行政法人統計センターから『就業構造基本調査（2012 年）』のオーダーメード集計により提
　　　供を受けた統計成果物を基に筆者が試算しており、総務省が作成・公表している統計等とは異
　　　なる.　またこの未婚率は該当年代女性で卒業者であり、かつ有配偶者と未婚者の 2 つを母数と
　　　して試算している.　母数からは離別者と死別者は除かれている.

高卒と短大・専門卒の未婚率の差は殆どない。

（2）学歴別の未婚女性の有業率の比較

　それでは次に未婚女性の有業率を学歴別にみてみよう。これも 2012 年の『就業構造基本調査』より試算した。結果は**図 5-2** にまとめた。ここからは 60 歳代を除いて，学歴が高いほど有業率が高いことが分かる。例えば，35〜39 歳を見ると，学歴別有業率は中卒は 48%，高卒は 80%，短大・専門卒は 88%，大卒は 92% である。つまり，短大卒以上であれば約 9 割は働いているが，それが高卒では約 8 割であり，さらに中卒では 5 割弱しか働いていないということだ。さらに大卒者だと 50 代に入るまで 9 割以上の有業率を維持しているが，短大・専門卒だと 40 代後半から，高卒だと 40 代前半から有業率が少しずつ下がりだす。中卒はいずれにしても有業率が低い。先の学歴別の未婚率と合わせて考えると，

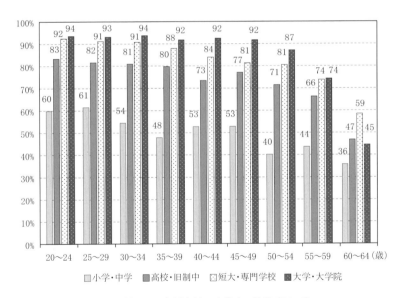

図 5-2　学歴別の未婚女性の有業率の比較（2012）

（資料）　総務省『就業構造基本調査』（2012）より作成.
（注）　独立行政法人統計センターから『就業構造基本調査（2012 年）』（総務省）のオーダーメード集計により提供を受けた統計成果物を基に筆者が試算しており，総務省が作成・公表している統計等とは異なる.

少数派とはいえ，中卒の場合何らかの理由で有配偶率も低いだけでなく，有業率も低いことが分かる。また高卒においても 20 代前半の有業率は大卒と 11％の差があり，その差が年齢を追うごとに大きくなる傾向が見られる。

　ちなみに有配偶女性の学歴別有業率はどうなっているだろうか。有配偶である場合はどの学歴もまず 45〜49 歳が有業率のピークであり，その時点では中卒は 6 割，他の学歴の者はほぼ 7 割強が働いている。また先ほど見たように未婚者だと 30 代後半から少しずつ有業者比率は下がっていくが，有配偶者の場合は異なった有業率の推移を描く。中卒・高卒・短大・専門ともに年代を重ねると徐々に有業率が上がり，40 代後半でピークを迎え，また 50 代に向けて下がっていく。だが中卒はいずれの年齢においても，他の学歴者より有業率が低い。また大卒は 20 代後半で有業率はいったん 6 割を超えた後，30 代で下がり，再び 40 代にかけて伸びていく。有配偶女性の有業率をこのデータから学歴別にみてみると，いわゆる M 字カーブを描いているのは大卒者だけであった。

第 3 節　個票調査に見る中高年未婚女性の就業状況・2005 年と 2015 年比較

（1）中高年未婚女性の就業状況：2005 年と 2015 年比較

　それでは実際に中高年未婚女性の経済状況はどうなっているのだろうか。使用するデータは年金シニアプラン総合研究機構が実施した 40〜59 歳の未婚女性（調査対象の未婚女性は一度も結婚経験のない女性のみで，離別・死別は除いている）を対象とした『独身者の老後生活設計ニーズに関する調査』の第 2 回と第 4 回である。第 2 回目の調査は 2005 年 12 月から 2006 年 1 月にかけて 40〜59 歳の未婚女性を対象に全国に郵送調査で実施された。1250 人に発送し 1008 人が回答している。第 4 回目の 2015 年調査は同年の 12 月にインターネット調査によって実施された。対象者は 40〜59 歳の未婚の男女であり，男性 1136 人，女性 1139 人が回答した。まずは 2005 年と 2015 年の 2 時点の調査を比較し未婚女性の状況について，どのように変化したか見てみよう。

表 5-3　40〜59 歳の女性の就業状況 (2005 年・2015 年比較)

2005年	経営者	正規	パート・アルバイト・契約	派遣	自営・家族従業員	内職その他	無業	計	就業者に占める正規比率	全員に占める正規比率	無業者比率
40〜44歳	2	188	87	37	19	12	40	385	54%	49%	10%
45〜49歳	10	128	68	21	24	13	28	292	48%	44%	10%
50〜54歳	0	78	43	3	12	7	31	174	55%	45%	18%
55〜59歳	2	39	43	3	22	10	36	155	33%	25%	23%
計	14	433	241	64	77	42	135	1,006	50%	43%	13%
2015年											
40〜44歳	1	167	119	41	24	28	63	443	44%	38%	14%
45〜49歳	2	109	88	22	10	16	55	302	44%	36%	18%
50〜54歳	2	79	55	8	19	14	36	213	45%	37%	17%
55〜59歳	1	48	40	4	17	18	53	181	38%	27%	29%
計	6	403	302	75	70	76	207	1,139	43%	35%	18%

(資料) 年金シニアプラン総合研究機構『独身者の老後生活設計ニーズに関する調査』(第2回・第4回) より.
　(注) 2005 年の集計は回答者 1008 人のうち, 就業状況の分かる 1006 人の集計となっている.

　未婚女性の調査時点の年代別の職業状況は**表 5-3** のとおりである。2015 年の回答者 1139 人のうち無職の人は 207 人, 全体に占める無業者比率は約 18% であり, 55〜59 歳ではその比率は 29% になっている。この調査では 2015 年の方が 2005 年より無業者比率が上がっている。だが 2007 年, 2012 年, 2017 年の 3 時点の『就業構造基本調査』でみると未婚女性の無業者比率は順次下がっているため, この回答者の傾向はそれとは異なっている。また, 2015 年の就業者に占める正規雇用者割合を表 5-3 から見ると, 40〜44 歳で 44%, 55〜59 歳で 38% と, 『就業構造基本調査』から試算した表 5-2 より正規雇用者比率が低い。こういった回答者の特徴には留意が必要である。

　それでは 2005 年と 2015 年の比較をしてみよう。そうすると 55-59 歳を除いて, 他の年代では 2015 年の方が正規雇用者比率が下がっていることが分かる。[6] 40〜59 歳の女性全体でみると就業者に占める正規雇用比率は 50% だったが,[7] 2015 年には 43% となっている。また未婚女性全体に占める正規雇用者比率は同順で, 43% から 35% になっている。同じように『就業構造基本調査』の 2007 年と 2017 年を比較してみると, 40〜59 歳のすべての年代で非正規雇用者比率が上がり, 正規雇用者比率は下がっている。女性の非正規化が進んでいる傾向

はこの調査でも同じように確認できる。

(2) 中高年未婚女性の初職の状況：2005 年と 2015 年比較

　彼女たちは最初から非正規雇用者だったわけではない。自営・家族従業員も
いるが，この中高年未婚女性全体の初職の正規雇用者比率は 2005 年は 76%，
2015 年は 72% である。一方バブル期に就職したと考えられる 2005 年時点で 40
〜44 歳だった層は，初職の正規雇用比率は 78% であったが，就職氷河期であっ
た 2015 年時点で 40〜44 歳だった層ではその比率は 67% と 10% 以上下がってい
る。

　2005 年と 2015 年の初職の正規雇用者比率を学歴別に見ると，やはり中卒者
のハンディが目立つ。中卒者は 2005 年に 24 人，2015 年は 13 人しかいないが，
いずれの年も初職が正規だったのは 38% にすぎない。2005 年と 2015 年を見る
と，初職の正規雇用者比率は高卒者は 80% が 74% に，短大・専門卒は 78% が
72% に，大卒者の場合は 69% が 71% となっている。つまり大卒者以外の学歴
の者の初職の正規雇用者比率が下がっている。

　それでは初職をずっと継続している人はどの程度いるだろうか。最初につい
た仕事が非正規や自営・家族従業員であり，その仕事を継続している者は 2005
年・2015 年ともに 100 人前後いる。現在無業である者も含めて回答者全員を母
数にして計算すると，初職が正規雇用であり，かつその仕事を継続している人
は 2005 年は 24%，2015 年は 17% となっている。これを年代別に同順に変化を
みると 40 代前半は 26% が 24% に，40 代後半は 24% が 17% に，50 代前半は 29%
が 17% に，50 代後半は 15% が 14% になっている。つまり正規雇用の初職を継
続する人が減っている。特に 50 代の継続率が低いのは表 5-3 で見たように 50
代後半は無業者が増加していることから，一貫就労していても 50 代後半で退職
する者がいるからだろう。平均寿命が延び「人生 100 年時代」と言われる中で，
年金受給開始年齢まで待たずに 50 代後半で無業になることは経済的リスクが高
いように思える。だが 2015 年に 50 代後半ということは，2008 年のリーマン
ショックの後，人減らしが一気に行われた時期にはすでに彼女たちは 50 代には

達しようとしており，リストラの対象に中高年女性が選ばれた可能性も考えられる。いずれにしても初職が正規雇用で，その仕事を続けている40〜50代の女性は2割前後である。

　またこの正規一貫就労には学歴の差も大きい。中卒者では2005年には2人，2015年は0人である。また正規一貫就労者の比率が他の学歴より高いのは大卒者であり，大卒者全員に占める割合は2005年には28%，2015年には23%である。

（3）無業でいる理由：2005年と2015年比較

　無業でいる人は，なぜ働いていないのだろうか。無業者は2005年に135人，2015年に207人いる。その人たちに「無業でいる理由」について聞いている。選択肢は①働かなくても生活できる，②事業の後継者ができた，③希望する仕事に就けない，④仕事をするには体がきつい，⑤親の介護の5つである。まず②事業の後継者ができた，は誰も選択していない。2005年と2015年の回答比率を比較して，同順に見てみよう。

　そうすると，①働かなくても生活できるは22%が12%に，③希望する仕事に就けないは27%が28%に，④仕事をするには体がきついは，30%が25%に，⑤親の介護は21%が30%になっている。つまり働かなくても生活できる人は減っており，2015年では無業者の1割強に過ぎない。一方，親の介護を担うために働けない人が無業者の3割おり，その比率は上がっている。また学卒後一度も働いたことがない人は2005年には12人，2015年には14人いた。

第4節　中高年未婚女性の収入と同居の状況・2005年と2015年比較

（1）世帯収入の変化

　未婚中高年女性の収入の状況はどうなっているだろうか。まず世帯収入を見てみると，2005年に比べ2015年は世帯所得分布が低い層へ移動している。世帯収入は「なし」から「1500万円以上」まで聞いているが，世帯収入400〜500

134

万円未満より高い収入の層は，すべて 2005 年に比べて 2015 年の方が減っている。例えば 2005 年時点では，世帯収入 600〜800 万円未満が 14.1％であったのが 2015 年には 10.36％に，500〜600 万未満が 12.5％であったのが 8.2％となっている。

代わりに増えているのは世帯収入の低い層であり 200〜300 万未満が 19.5％が22.1％に，100〜200 万未満が 9.5％から 12.9％に，なし〜100 万円未満が 4.7％から 12.7％へと世帯収入の低い層の比率が上がっている。つまり 2015 年には世帯収入が年間 200 万円未満が全体の約 4 分の 1（2005 年時点では 7 分の 1），300万円未満で見ると全体の半分弱（同，4 分の 1）となっている。[8]

（2）個人の就労収入の変化

次に女性個人の収入を見てみよう。自営業なども含むすべての有業者，正規雇用者，非正規雇用者と 3 つの平均年収を 2005 年と 2015 年で試算してみた。結果は**表 5-4** にまとめた。[9]

ここからは 55〜59 歳以外の年代では，有業者・正規雇用・非正規のすべての者で平均年収が 2005 年より 2015 年の方が下がっていることが分かる。例えば40〜44 歳の正規雇用者の年収は 2005 年に 432.2 万円であったが，2015 年には345.5 万円となっている。非正規雇用者では 40〜44 歳では 2005 年に 203.4 万円だったが 2015 年には 175 万円である。そのため有業者の年収平均も 40〜44 歳は同順で 314 万円から 269 万円になっている。このように 2015 年になると 40〜44 歳，45〜49 歳，50〜54 歳の年収は下がっており，正規雇用者だけでなく非正規雇用者の年収も下がっている。特に正規雇用者は，若い年代の者ほど下がり方が大きい。40 代前半では約 86.7 万円，40 代後半では約 49.3 万円，50 代前半では 27.4 万円下がっている。

例外は 55〜59 歳である。非正規雇用者の年収は 161 万円から 156.9 万円と減っている一方で，正規雇用者の年収が 2005 年の 474 万円から 2015 年の 475.7万円とわずかに伸びている。またこの年代では経営者・自営などの収入が増えているため有業者全体の年収は 271.7 万円から 309.9 万円と伸びている。だが単

表 5-4　中高年未婚女性の個人の年収の変化（2005 年・2015 年比較）（単位：万円・人）

2005年	有業者の年収	人数	正規雇用者の年収	人数	非正規雇用者の年収	人数
40〜44歳	314.0	300	432.2	162	203.4	112
45〜49歳	348.2	227	445.8	116	205.6	72
50〜54歳	374.5	119	503.1	68	185.0	41
55〜59歳	271.7	103	474.0	31	161.0	44
計	339.0	749	452.6	377	194.4	269
2015年						
40〜44歳	269.0	379	345.5	166	175.0	160
45〜49歳	284.4	246	396.5	108	171.0	110
50〜54歳	300.9	176	448.4	79	158.6	63
55〜59歳	309.9	128	475.7	48	156.9	44
計	284.8	929	395.1	401	169.0	377

（資料）　年金シニアプラン総合研究機構『独身者の老後生活設計ニーズに関する調査』（第 2 回・第 4 回）より.
（注）　有業者の人数には自営や家族従業員の者も含まれている.

年度でみると，2005 年・2015 年ともに非正規雇用者の場合は若い者のほうが平均年収が高い。

（3）親との同居状況

　この未婚女性たちは，単身で暮らしていける経済力はあるのだろうか。西（2017）は 2016 年の労働力調査から，同年に親と同居している壮年未婚者（35〜44 歳）の 288 万人のうち，失業者，無業者，臨時雇いなどの者を集計し，「基礎的生活条件を親に依存している可能性がある人」が 52 万人いると推計している。さらに，45〜54 歳の「親と同居の高齢未婚者」は 2016 年に 158 万おり，うち 31 万人が生活を親に依存している可能性があるという。

　未婚女性のうちどの程度の者が親と同居しているだろうか。この調査対象の 40〜59 歳の女性のうち 2005 年では 52%，2015 年には 59% が親と同居である。一人暮らしが同順で 32% と 36% となっており，残りが兄弟や親せき・友人と同居となっている。この親との同居率を年代別に見ると 40 代から 50 代前半にかけてはあまり変化がないが，50 代後半になると大きく落ち込む。2015 年では 50 代後半になると親との同居率が 22% となり，一人暮らしが 45% となる。親

との同居率の低下は親との死別が要因の一つであろうと考えられる。

　それでは親と同居している者と一人暮らしをしている者では経済状態は違うだろうか。

　まず，親と同居している者の無業率は2005年で19%，2015年で22%であるのに比べ，一人暮らしの無業率は同順で6%と13%である。無業率は親との同居者の方が高い。次に有業者のみを取り上げて見てみよう。2005年には有業者で親と同居している者の平均年収は253.6万円（428人），一人暮らしをしている者は349.7万円（303人），2015年には同順で245.7万円（522人）と340.6万円（361人）となっている。一人暮らしをしている者の方が親と同居している者より収入が高い。(10)同居未婚者の方が収入が低くなる背景には，高齢化した親の世話や介護が就業抑制をもたらしているとされており，かつそれは男性より女性に強く出るという（白波瀬 2004）。つまり親と同居する未婚女性は家事や介護の担い手として期待されているというわけだ。

　また，親と同居していても親が引退して年金生活となり，さらに片親だけになりその年金収入も減ると，逆に同居の子どもが親を養う状況になることもあり得る。親と同居している者で，自分が世帯の生計維持者である未婚女性はどの程度いるだろうか。親と同居している者に「自分が生計を維持しているかどうか」をきくと，2005年は28%，2015年は23%の者が生計維持者であった。つまり自分の収入で親を養っている。だが逆に言えば2015年時点で親と同居している未婚女性のうち77%は親に生活基盤を依存しているということである。さらに，親と同居している有業者だけ取り上げ年収を見てみると「自分が生計維持者」の場合，年収は2005年には341.9万円，2015年には356.2万円であり，「自分は維持者ではない」場合は，同順で225.9万円と202.7万円となっている。親と同居している場合でも本人が生計維持者であると，平均年収は一人暮らしをしている者とほぼ同じである。

第 5 節　中高年未婚の男女比較

（1）中高年未婚の男女の状況比較

　それでは次に未婚の男女を比較してみた場合，違いはあるだろうか。実はこの年金シニアプラン総合研究機構の第 4 回の 2015 年調査では未婚の男女両方に調査を実施しており，男性は 40〜59 歳の未婚者で 1136 人が回答している。そのデータをもとに男女の比較をしてみよう。

　まず回答者の属性に関しての男女の違いは，第 1 には学歴の違いである。男性は中卒が 40 人で全体の 4％（女性 1％）と女性より多く，高卒は 34％（同 33％）とほぼ同じであるが，短大卒が 15％（同 37％）と女性より少なく，大卒は 48％（同 28％）と女性より比率が高い。第 2 に無業者比率は 17％（女性 18％）と女性と殆ど変わらず，50 代後半では男性も無業率は 29％（同 29％）である。どの学歴においても無業者比率は女性とあまり変わらない。第 3 に有業者は女性より正規雇用比率が高い。有業者に占める男性の正規雇用比率は 51％（女性 43％）となっている。男性においても中卒者にハンディがあるのは変わらない。しかし中卒では女性の正規雇用者比率が 13％と特に低いのに比べ，男性では中卒でも正規雇用者比率は 33％となっている。第 4 に初職の正規雇用比率は全体で 72％と男女で差はない。だが差があるのは，この正規の初職を継続しているかどうかであり，男性の場合は回答者全員にそれが占める割合は 21％（女性 17％）である。また 40 代前半だけで見ると，それは男性 28％，女性 19％となっている。

　第 5 に違うのは男性の方が正規・非正規に関わらず，収入が女性より高いことである。(11) 男性の有業者全員の年収平均は 365.1 万円（女性 284.8 万円），正規雇用者では 473.8 万円（同 395.1 万円），非正規でも 192.8 万円（同 169 万円）となっている。特に正規雇用者の場合，男女の年収差は 40 代では 100 万円弱，50 代では 50 万円強の差となっている。

　第 6 に男性でも無業者が 195 人いるが，うち 23％が「働かなくても生活でき

る」，29％が「希望する仕事に就けない」，26％が「仕事をするには体がきつい」，14％が「親の介護」である。「働かなくても生活できる」ケースは女性は無業者の12％しかいない。また無業女性の30％が「親の介護」が理由で無業になっているのに比べ，男性は14％にすぎない。

　第7に親との同居状況だが，男性全体での同居率は53％（女性59％）と男性の方が同居率が低い。ただし50代後半で同居率が2割台に下がっている女性に比べ，男性は50代後半でも45％の者が同居している。第8に有業男性のみを見ると親との同居者の平均年収は335万円，一人暮らしは401.6万円である。無業率は親と同居で18％，一人暮らしで15％である。第9に親と同居している有業者で自分が生計維持者である男性は同居有業者の43％であり，23％の女性より高い比率である。また親と同居であっても生計維持者の場合は平均年収が約387.4万円，そうでない場合は264.7万円となっている。

(2) 中高年未婚男女の年金加入状況

　未婚男女の年金加入状況はどうなっているだろうか。調査時点での公的年金の加入状況を見ると男性の62％が国民年金，38％が厚生年金に加入しており，女性は同順で57％と43％になっている。だが国民年金の保険料を全額支払っているのは男性38％，女性37％であり，（収入が低く）保険料免除の適用になっている者は男女ともに14％，そもそも保険料を支払っていない者が男性10％，女性6％となっている。これは調査時点での年金加入状況であるので，現在は国民年金であっても過去に正社員で厚生年金の加入期間のある人もいるだろうが，過去の加入状況についてはわからない。だが少なくとも40～50代時点で厚生年金の加入者は男女ともに4割前後，国民年金が約4割，残り約2割は国民年金でも将来の受給額が低いか年金受給権がない可能性がある。特にこの2割の未婚男女の高齢期の生活の経済基盤は不安定だと考えられる。また将来の年金受給額を増やすために企業年金や国民年金基金に加入している者は1割もいない。この他，確定拠出年金は2～3％，個人年金保険に加入しているのは13～14％である。

(3)　中高年未婚男女の預貯金額

　先に見たように，将来，厚生年金か国民年金を受給できる人は男女ともに約
8 割いると思われる。だが高齢期に年金を受給したとしても，年金だけで老後
の生活費がすべて賄われることは想定されていない。2019 年時点では国民年金
は満額受給でも月額約 65000 円であり，年金と現役中の貯えを合わせて老後の
生活を支えると考えられている。それでは老後に備えて預貯金はあるのだろう
か。この調査では「老後の生活に備えて何かしているか」を訊ねているが，「何
もしていない」は男性で 28.6%（325 人），女性で 20.5%（237 人）である。

　つまり中高年未婚男性の 4 人に 1 人，女性の 5 人に 1 人は老後の備えを何も
していない状況である。永井（2016）は，未婚の非正規労働者は正規雇用者に
比べ経済状況が悪く，預貯金額が低いだけでなく，生命保険などへの加入率も
低いことを見出している。

　残りの「老後の生活に備えて何かしている」を選んだ者には，預貯金などの
額を聞いている。そうすると男性の預貯金の平均額は約 888 万円，女性の平均
は約 637 万円である。（一億を超える預貯金保有者は抜いて平均値を試算した。[12]
ただし，これは平均であるので実際の預貯金額にはばらつきがある。

　預貯金額の分布を預貯金額 1 億円以上の者も含めて**図 5-3** にまとめた。「老後

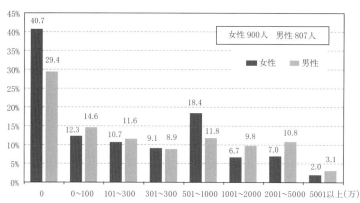

図 5-3 「老後の準備をしている」と答えた中高年未婚男女の預貯金額の分布

（資料）年金シニアプラン総合研究機構(2015)『独身者の老後生活設計ニーズに関する調査』(第4回)より.
　（注）この分布には男女ともに預貯金が 1 億円を超える者も入っている.

に備えている」と答えている女性の900人のうち預貯金がゼロの者は40.7％いる。さらに1万～100万以下の者は12.3％である。つまり「老後に備えている」はずの女性でも半分強は預貯金がゼロか100万円以下である。300万円以下には6割強の人が入ってしまう。平均が高くなっているのは2000万円以上の高額の預貯金の者が1割近くいるからである。

　男性も同じような状況である。「老後に備えている」という男性807人のうち，預貯金がゼロの者が29.4％，1万～100万以下の者は14.6％，101～300万円以下は11.6％である。男性の方が貯金額がゼロの者の比率が少ないが，いずれにしても預貯金300万円以下に55％の者が固まっている。実はゼロから億を超える者も含めて預貯金額の中央値を出すと女性は100万円，男性は250万円であり，平均値より大幅に低い。それでは「老後の生活に備えて何もしていない」という者と，預貯金ゼロの者を足すとどうなるだろうか。同順で見ると女性は合わせて599人で全体の53％，男性は同562人で全体の49％となる。つまり中高年未婚男女のおよそ半分が預貯金がゼロか，老後の備えをしていないということになる。

　金融広報委員会（2018）の調査をみると，単身世帯の40代で42.6％，50代で39.5％が金融資産非保有（つまり預貯金ゼロ）である。一方，金融資産を持つ世帯の資産の平均額は上昇している。つまり資産格差が広がっているのだ。同じように本稿で扱った調査でも平均預貯金額の平均は高くなるが，それは一部の高額資産保有者がいるからである。

おわりに

　本稿の前半では『就業構造基本調査』から未婚男女の就業状況とともに，女性の学歴別の未婚率や有業率を確認した。そこからは男性より女性の方が非正規雇用比率が高いなど就業上不利な立場にあること，さらに学歴の低い未婚女性ほど有業率が低く，大きなハンディを抱えていることが分かった。

　後半では 40〜59 歳の中高年未婚男女を対象に実施された個票調査のデータを基に，生涯未婚女性の経済生活について検討した。未婚女性の 2005 年と 2015 年の状況を比較すると，非正規化が進み本人収入も世帯収入も減少している。また学歴格差も強まり，中卒・高卒者の方が大卒者より非正規化も無業化も進んでいた。また正規の初職に就き，2015 年時点でその仕事を継続していた者は 2 割を切っている。

　中高年未婚男性と比較しても女性の方が継続率も低く，所得が低く，非正規率が高い。男性に比べ，女性の方がより不利な立場であった。

　この個票調査から 40〜59 歳の未婚女性全体をみると正規雇用者は 35%，非正規雇用者は 33%，自営・内職が 13%，無業が 18% である。正規雇用者であれば平均年収は 395 万円であるものの，非正規では 169 万円にすぎない。確かに，未婚女性で所得も高く預貯金もある女性もいる。だが年収が 500 万円を超える女性は，全体の 1 割強に過ぎず，7 割強は年収 300 万円以下である。しかも働かなくても生活できる者は無業者の 1 割強に過ぎない。

　さらに彼女たちの老後はどうなるだろうか。現時点で見ると厚生年金加入者は約 4 割，国民年金加入者は約 4 割，残りの 2 割は保険料免除や保険料を払ってない者であり，将来の年金受給額が低いか受給権がないと考えられる。さらに預貯金額も十分ではない。女性の約 2 割は老後の備えを何もしておらず，「老後の備えをしている」という女性の約 4 割は預貯金がゼロであり，これは女性全体の約 3 割となる。7040 問題，8050 問題という言葉がある。すでに 50 代後半の女性の約 3 割は無業であり，親との同居率も 2 割台に下がっている。彼女たちは今後どのように生活を成り立たせるのであろうか。

　特に人口の多い団塊ジュニア世代・ポスト団塊ジュニア世代は新卒時に就職氷河期に当たり，安定した仕事につけなかった人が多いだけでなく未婚率が高い。2020 年にすでに団塊ジュニア世代は 40 代後半に入りつつあり，コロナウイルスの影響で雇用環境が悪化している。これまで見てきた未婚女性のように 50 代に入って親の介護や失業によって無業化が進めば，さらに女性の経済状況は悪化する。団塊ジュニア世代が高齢者になることは 2040 問題として課題視さ

142

れているが，それへの対策は今，求められている。彼女たちが40代，50代の間に，高齢になる前に少しでも就労などによって経済力をつけてもらう早期の政策的対応が必要である。それなくしてはさらに少子高齢化が進んだ時代に，貧困状況の高齢女性が大幅に増加することになる。個人の責任として放置することはできない。

　もちろん仕事にも資産にも恵まれた未婚女性もいる。だが，苦境にある中高年シングル女性への支援は，私たちの社会の未来にとっても重要である。

〈謝辞〉　この研究は科学研究費基盤研究 (c) 課題番号 26380555 による成果が反映されている。また，独立行政法人統計センターから『就業構造基本調査（2012年）』のオーダーメード集計により提供を受けた統計成果物を利用した。さらに，公益財団法人年金シニアプラン総合研究機構より調査データの提供を受けている。貴重なデータの提供に深謝申し上げたい。

注

(1) 生涯未婚率は，「45〜49歳」と「50〜54歳」未婚率の平均値から算出される。

(2) 2018年からは若者サポートステーションの中からいくつかがモデル事業拠点として選ばれ，40代への就労支援を始めている。だが，10代の若者と同じようなプログラムでは効果的な支援にならず，事業者の試行錯誤は始まったばかりである。

(3) 厚生労働省の『賃金構造基本統計調査』によると男性の正社員の所得を100とした場合，女性正社員は75.7となる（2017年値）。男性と女性の給与格差は少しずつ縮小している。

(4) 2015年の『国勢調査』から2年後の2017年における該当年代女性人口を推計した。

(5) ちなみに無業者のうち「家事手伝い」と「その他」を選んだ未婚女性が同年代の未婚女性全体に占める割合は25〜29歳は9%，30〜34歳は13%，35〜39歳は15%である。（つまり「通学している者」を除いた無業者である）。

(6) 2007年と2012年を比較した『就業構造基本調査』では40〜59歳のすべての年代

で非正規雇用者比率が上がっている。そして 2012 年と 2017 年では非正規雇用者比率にはあまり動きがなく，年代によって数％あがっているものと下がっているものがある。

(7) 非正規雇用者としてはパート・アルバイト・契約・嘱託・派遣をいれている。

(8) この調査から未婚女性の世帯形態をみると 2005 年には親同居 52％，一人暮らし 32％，兄弟や他の親族との同居が 16％であったが，2015 年には同順で 59％，36％，5％となっている。親との同居と一人暮らしは増え，兄弟や他の親族・友人との同居世帯が減少している。つまり世帯規模が小さくなっていることも世帯収入の減少の要因にひとつとも考えらえる。これは女性を支える親以外の親族や知人などのネットワークが無くなりつつあるとも考えられる。

(9) 2015 年の平均年収の算出からは 1 億円を超える 3 人を抜いている。2005 年には年収が 1 億を超える者はいなかった。

(10) 永瀬（2018）が，2016 年の『労働力調査』からシングル女性の年収を試算しており，大卒女性の年収の中央値は 300 万円程度という。

(11) 男性からは年収が 1 億円を上回る 9 人を抜いて，平均を算出している。

(12) 男女ともに預貯金額が 1 億円を超える者は 9 人ずつ，計 18 人いた。

参考文献

金融広報委員会（2018）「家計の金融行動に関する世論調査」（単身世帯調査），https://www.shiruporuto.jp/public/data/survey/yoron/tanshin/2018/pdf/yoront18.pdf（2019 年 8 月 20 日確認）.

小杉礼子（2015）「若年女性に広がる学歴間格差」小杉礼子・宮本みち子編『下層化する女性たち』勁草書房，p.242-252.

小杉礼子・鈴木晶子・野依智子編（2017）『シングル女性の貧困』明石書店.

厚生労働省（2013）『21 世紀出生児縦断調査及び 21 世紀成年者縦断調査特別報告書（10 年分のデータより）』厚生労働統計協会.

国立社会保障・人口問題研究所（2018）『日本の世帯数の将来推計（全国推計）：2018（平成 30）年推計』厚生労働統計協会.

白波瀬佐和子（2004）「親子の間に存在するジェンダー：親と同居の成人未婚子の現状」袖井孝子編著『少子化社会の家族と福祉—女性と高齢者の視点から』ミネル

ヴァ書房, p147-158.

総務省『就業構造基本調査』.

直井道子 (2015)「中高年女性が貧困に陥るプロセス」小杉礼子・宮本みち子編『下層化する女性たち』勁草書房, pp.98-110.

永井暁子 (2016)「現代日本における未婚者の特性と経済生活」『季刊家計経済研究』No.110, pp.8-23.

永瀬伸子 (2018)「教育費の無料化を問う：「労働力調査」から推計した所得十分位から教育投資と雇用を考える」『統計』Vol.69(2), pp.57-61.

西文彦 (2017)「親と同居の未婚者の最近の状況 (2016年)」, http://www.stat.go.jp/training/2kenkyu/pdf/parasi16.pdf (2019年8月20日確認).

日本労働組合総連合会 (2017)「非正規雇用で働く女性に関する調査2017」, https://www.jtuc-rengo.or.jp/info/chousa/data/20170825.pdf (2019年8月1日確認).

藤森克彦 (2010)『単身急増社会の衝撃』日本経済新聞出版社.

山田昌弘 (1999)『パラサイト・シングルの時代』筑摩書房.

山田昌弘 (2013)「女性労働家族依存モデルの限界」労働政策研究・研修機構編『ビジネス・レーバー・トレンド』2013年10月号, pp.7-10.

前田正子 (2017)『大卒無業女性の憂鬱』新泉社.

（前田正子）

第6章　女性のライフコースと再就職

はじめに

　本章は，女性のライフコースと再就職に着目し，2010 年以降の既婚女性の再就職の現状と課題について検証することを目的とする。女性の社会進出は進み，2016 年施行の女性活躍推進法施行(1)をはじめ様々な法整備も進んだ。実際に，出産時の就業継続は長らく 4 割程度で推移してきたが，2010〜2014 年に第 1 子を出産した妻の就業継続割合は 5 割へと上昇したことがわかっている（内閣府 2019）。

　このような中，いったん仕事を辞めた女性の再就職についても注目が集まっている。その一因として，雇用者の就業機会が伸びていることも大きい。2013 年に企業は雇用者を 65 歳まで雇用するよう「高年齢者雇用安定法」が法改正され，2020 年には 70 歳までの就業機会の確保を企業の努力義務に定めるよう改正案が閣議決定された。雇用者の職業キャリアが長期化することが見込まれている。女性の再就職行動はすでに以前から一般化しているが，再就職時の多くの職はパートタイム労働等の非正規雇用であることが知られている。女性活躍推進とは，出産時の就業継続や企業内の女性労働者の昇進だけを指すわけではない。主婦の再就職のように，いったん労働市場を離れ人的資本の蓄積が少ない中高年女性の再就職行動も注目されるべきであろう。2010 年以前の日本企業では，結婚・出産時の就業継続が必ずしも当たり前に行われていたわけではなく，多くの女性が離職しているためである。

　そこで本章では，再就職女性の業種・年齢構成に変化がみられるか，どのよ

うな女性が再就職するのか，再就職時の壁とは，等の点について検証を行う。検証にあたっては女性の就業行動に変化があったとみられる 2010 年以降に着目し，政府統計及び個票データの分析を行う。

第1節　女性の再就職に関する政府等の政策と取り組み

　2016 年は，首相官邸が『働き方改革実行計画』をうたい，日本の労働市場に大きな改革を迫る年となった。その内容は広範にわたり，同一労働同一賃金の再検討や柔軟な労働時間・勤務場所，税制の見直し，育児・介護と仕事の両立[(2)]等，多くの内容は女性の就業促進策と重なる内容である。その中で目新しい施策として注目されるのが女性への「リカレント教育」の必要性の強調である。

　政府が着目したのは，いったん仕事を辞め人的資本の蓄積が少ないと考えられる女性に対する，リカレント教育など個人の学び直しへの支援である。具体的には「正社員だった女性が育児で一旦離職すると，復職や再就職を目指す際に，過去の経験，職業能力を活かせない職業に就かざるを得ないことが労働生産性の向上の点でも問題を生じさせている」とし，IT や保育・介護など人材需要の高い分野の長期の離職者訓練コースを新設，拡充するとしている。支援策としては，雇用保険法を改正し，職場で求められるスキルに直結する教育訓練給付を拡充し，給付率は最大で 6 割だったものを 7 割とし，給付額の上限額は年間 48 万円だったものを 56 万円に引き上げている。また，受給可能期間を離職後 4 年以内から離職後 10 年以内に拡充した[(3)]（首相官邸 2016）。2019 年の『男女共同参画白書』の特集テーマは「多様な選択を可能にする学びの充実」であり，女性の学び直しによる再就業への支援を行っていることがうかがえる。

　さらに，首相官邸（2017）が提示した『人生 100 年構想会議』によるリカレント・プログラムの供給拡充は，現在注目されている人生 100 年時代に対する備えを先取りしたものである。一例として，女性へのリカレント教育としていくつかの私立大学の支援事例が挙げられる[(4)]。いずれも大学教育とは別プログラ

ムで 3 か月から 1 年程度の比較的短期の教育期間となっており，その後再就職を強く意識したプログラム編成となっている点が特徴である。学べる項目は簿記，PC スキル，マネジメントスキル，英語等である。実際の再就業支援としては，2006 年に厚生労働省が設置したマザーズハローワークがある。少子・高齢化による労働力不足対策の一環として，子育てをしながら就職を希望している人々に対して，子連れでも来所しやすい環境を整備し，個々の希望やニーズに合ったきめ細かい就職支援を行っている。[5] 民間企業の再就職支援事例もあり，中高年女性の再就業に特化した就職支援サイトもある。[6]

　このように，現在では長い職業人生を送るためには学卒時の学びだけでは不十分であり，さらなるスキルの習得が社会人になっても求められているとも考えられる。特に，一度仕事を離れた女性にとってはなおさら重要である。一方，組織を離れた経験から，柔軟な思想で物事を考えることができたり，家事・育児のマルチタスクをこなしてきた経験による視点の違いは強みになっているだろう。次節では，女性の再就職に関する先行研究を概観し，さらにデータを用いて女性の再就職の現状について検証する。

第 2 節　先行研究

　女性の再就職に関する先行研究は数多い。武石（2001）は，結婚・出産で離職した大卒女性の高い再就職意向を示す一方，離職期間の長期化により正社員希望が低下し，35 歳以上になると求人が減少することを指摘した。大内（2007）は，均等法世代の総合職女性の離職理由は企業内キャリア像の喪失と WLB（ワーク・ライフ・バランス）の喪失であると指摘している。さらに，多くは初職の経験を活かし転職・再就職を実現させているとする。大沢・鈴木（2012）は，専門性の必要性（学び直し）を指摘する一方，実証研究から年齢による足切りや，再就職年齢の早まりといった特徴を見出している。岩田・大沢（2015）は，再就職時の問題として「家族の反対」「仕事への不安」「子供の預け先」といっ

た点を指摘している。永瀬・縄田・水落（2011）は，労働力調査を用いて離職者の有効求人倍率とジョブサーチの関係を検証し，有配偶女性については子供年齢が高いことが就職ハザードを上げることを実証した。また，日本では女性の再就職について学歴の効果がみられないことも指摘している。ファザーリング・ジャパン（2014）は仕事復帰時の心得や制度などの解説書であるが，まず強調されるのは「無理のない働き方」（時間の融通性を優先）の紹介である。

　海外にも興味深い研究がある。Lippmann（2008）によれば，アメリカでも年齢の上昇による再就職の難しさは同じであり，その要因として仕事のミスマッチ，柔軟性への抵抗，年齢による賃金上昇，年齢差別の四点を指摘している。また，失業期間と仕事の変更を被説明変数とした検証では，人種（アフリカ系）や低学歴であることが失業期間に負の影響を与えること，また転職時の職業の変更についても同様の効果をもたらすことを示した。さらに，1965年以前に生まれたコホートでは職業の変更確率が低い一方，「ジェネレーションX」と呼ばれる1965年以降に生まれたコホートでは新しい仕事への切り替え確率が高く柔軟性があるとした。Handy and Davy（2007）はニュージーランドの40歳代の女性12名への事務職への再就職希望者への聞き取り調査から，仕事を探す際に最も大きな壁となるのは，従来の研究に多いスキル不足といった問題ではなく，「チームへのフィット」であることが示されている。組織内の年齢構成上，中高年の中途採用者がうまくフィットしないという問題を指摘している。

　これらの先行研究からは，諸外国と比べ日本の労働市場特有の再参入の難しさを示しており，特にその要因として，職場環境への適応だけでなく個人のWLBの取り方が厳しいために仕事を調整する女性の姿が浮かびあがる。長らく指摘されてきたこの状況は，労働市場に変化がみられた2010年以降に変化したのだろうか。次節以降はいくつかのデータ分析を通じ，女性の再就職にどのような特徴がみられるかを確認したい。

第 3 節　公的統計にみる女性の離職・再就職

　これまでみたように，特に 2010 年以降において女性の就業行動に変化が見られているが，女性の再就職についてはどうだろうか。よく知られる女性の就業率の推移のグラフでは，1998 年から 2018 年にかけ大きく形が変化し，出産・育児期に就業率が低下することによる「M 字カーブ」が消失した。最も変化の大きい 25〜29 歳では労働力率が 1998 年の 69.2% から 83.9%，30〜34 歳では 55.8% から 76.9% と大幅に上昇した。あわせて，ほぼすべての年代において就業率が上昇し，女性も仕事を持つことが一般的になったといえる。この効果は，出産・育児期の就業継続だけでなく未婚者の増大の影響が大きいと考えられるが，いずれにしても女性の就業が一般的になったことは，女性の再就職による労働市場の再参入においてもプラスの効果があると予想される。

　公的統計の集計データを用い，まず年代別に再就職経験者（無業から再就職した者）に占める正社員割合をみたものが図 6-1 である[7]。まず，再就職時における年齢の壁であるが，一般にいわれる「35 歳の壁」が正社員への再就職において存在していることがうかがえる。たとえば，直近の 2019 年の 25〜34 歳女

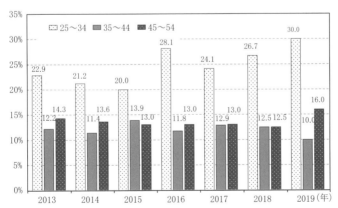

図 6-1　年代別にみた再就職経験者にしめる正社員割合（女性・正社員 / 雇用者）
（資料）『労働力調査・詳細集計　2-4-1 表』から筆者作成.

性の正社員としての再就職割合は 30% であることに対し，35～44 歳は 10%，45
～54 歳は 16% である。育児期女性の正社員割合の低さが目立つ。また，2016
年以降，25～34 歳女性の正社員割合はわずかに上昇傾向にあるが，35～44 歳以
上の層においては目立った変化はない。武石（2001）が指摘した「35 歳の壁」
は，現在においても女性においては今なお存在することがわかる。もっとも，
この数値は正社員に限定しているため，非正社員も含めれば労働市場への参入
のしやすさは変化しているかもしれない。

　一方，同じ計算を男性で行うと，「35 歳の壁」は見られない。2019 年の 25～
34 歳男性の正社員としての再就職割合は 53%，25～34 歳は 56%，45～54 歳は
50% であり，また半数程度が正社員としての再就職を可能としている。再就職
においても，男女間の非対称性が確認できる。

　では，転職経験者がどのような理由で非正規雇用を選択しているか（複数回
答可）をみたものが**図 6-2** である。非正規雇用として働くのは企業側の選別に
よるものなのか，もしくは個人の希望であるのか，を個人に問う内容である。
結果をみると，最も多いのは「自分の都合のよい時間に働きたいから」であり，

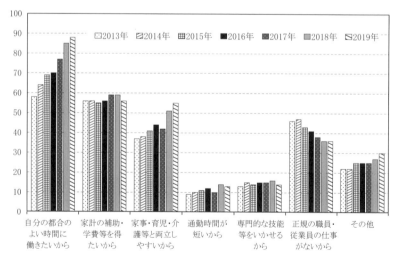

図 6-2　非正規雇用として働く理由（女性・前職あり・複数回答可）

（資料）『労働力調査・詳細集計　2-17-1 表』から筆者作成．

さらにこの割合は 2013 年の 58% から 88% へと大幅に上昇している。次いで多いのは「家計の補助・学費等を得たいから」であり，ほぼ 5 割強で推移している。さらに「家事・育児・介護等と両立しやすいから」が 2013 年の 37% から 55% へと上昇し，「正規の職員・従業員の仕事がないから」は 2013 年の 46% から 36% へと減少している。つまり，2010 年以降は女性の就業継続が進んだ一方，非正規雇用を選ぶ女性はより自らの希望，特に WLB に配慮し前向きに非正規雇用という働き方を選択していることがうかがえる。ただし，この時期は景気が良かったために積極的な理由が主である可能性も高い。また，WLB が今なお困難な状況にあることから仕事量を調整している可能性も示唆される。

　次いで確認するのは，2010 年以降の産業別就業人口を就業形態別にみたものである（**図6-3**）。女性正社員で突出して多い産業は「医療・福祉」であり，さらに 2012 年の 307 万人から 350 万人へと増加している。同産業は女性管理職比率も他産業に比べ突出して高いこともわかっている。非正規社員で最も多い産

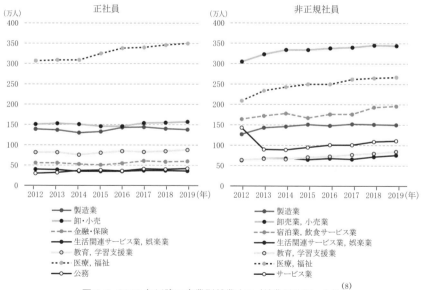

図 6-3 2010 年以降の産業別就業人口（就業形態別・女性）[8]

（資料）『労働力調査・詳細集計　2-1 表』から筆者作成.

152

業は「卸・小売」であり 2019 年で 344 万人，次いで「医療・福祉」の 267 万人，「宿泊・飲食サービス」の 196 万人と続きいずれも増加傾向にあることがわかる。特に「医療・福祉」の就業者数の増加が目立つ。同業界のニーズが拡大し，今後の高齢化社会をふまえるとさらに重要性を増す産業であるとともに，特に女性労働者がその産業を支えていることがわかる。

　最後に，女性がなぜ仕事を辞めたのかを公的統計で確認したい。**図 6-4** は，過去 3 年以内の女性の離職理由（15〜64 歳）である。最も多い理由は「より良い条件の仕事を探すため」であり，2012 年から 2019 年にかけて増加傾向にある。「その他」を除けば次いで多いのが「家事・通学・健康上の理由のため」であるが，この項目は 2012 年から 2019 年にかけてほぼ同じ割合で推移している。次いで多い「結婚・出産・育児のため」は減少傾向にある。つまり，従来考えられてきたような WLB に関する離職理由は減少傾向にあり，より良い仕事を求めるための前向きな離職が増加していることがわかる。また，同時期の景気が良く，より良い仕事が見つかる社会的背景があったことも一因と考えられる。

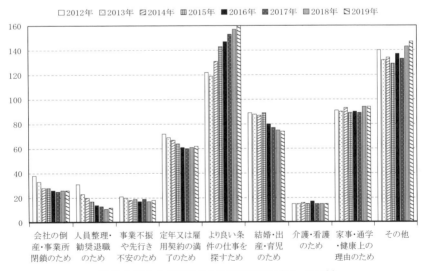

図 6-4　過去 3 年以内の女性の離職理由（15〜64 歳）

（資料）『労働力調査・詳細集計　1-4-1 表』から筆者作成．

　公的統計の集計データからは，女性においては今なお正社員の再就職時に「35歳の壁」が存在すること，離職理由や非正規雇用として働く理由はより前向きな仕事を探すためや WLB の確保のためといった，自身の希望による要因であることがわかった。次節では，女性の再就職の状況について，2010 年代後半の状況をとらえることが可能なパネルデータを用いて検証をおこなう。

第4節　実証分析─『全国就業実態パネル調査』を用いて─

（1）使用データ・仮説

　本節ではパネルデータを用いて，女性の再就職の状況及び就業に関する意識を検証していくこととする。具体的には 1. 再就職女性の理由・就業形態・収入の変化はどのようになっているのか，2. どのような女性が再就職するのか，の2 点について検証する。

　分析にあたっては，リクルートワークス研究所（2018）『全国就業実態パネル調査』[9]を用いる。同調査はパネルデータであり，全国 15 歳以上の男女を対象とし毎年 1 月に実施されているインターネット調査である。同調査を使用する理由は，今回着目する 2010 年代後半以降で女性の就業に関する十分なサンプルサイズを確保するデータであるため，分析に最も適していると考えたためである。今回使用する年齢層は再就職を想定し 2016 年時点で 30〜55 歳の女性とした。[10]データは 2016 年から 2018 年の 3 時点を使用し，上述の条件にサンプルを絞るとサンプルサイズは 2016 年が 13,608，2017 年が 13,833，2018 年が 13,759 となった。

1）再就職女性の理由・就業形態・収入の変化

　本節では，女性のうち再就職を行った女性に着目し，再就職の理由と現状，収入の変化について記述分析を行う。再就職女性の定義であるが，同調査では「昨年 1 年間にあなたに次のような変化がありましたか」という設問があり，その回答項目の一つに「自分が仕事に就いた（就職した・起業した）」という項目

154

表6-1　年代別にみた再就職女性割合（2015〜2017年，単位：%）

	2015年(N=13,608)				2016年(N=13,833)				2017年(N=13,759)			
	無業	有業	計	うち同年に無業→有業	無業	有業	計	うち同年に無業→有業	無業	有業	計	うち同年に無業→有業
30〜34歳	32.4	67.6	100.0	9.9	35.8	64.2	100.0	10.5	34.2	65.8	100.0	10.0
35〜39歳	34.7	65.3	100.0	8.6	32.8	67.2	100.0	12.5	31.8	68.2	100.0	11.3
40〜44歳	30.1	69.9	100.0	8.1	28.7	71.4	100.0	11.1	29.3	70.7	100.0	10.2
45〜49歳	25.2	74.8	100.0	7.4	24.3	75.7	100.0	10.0	23.4	76.6	100.0	8.4
50〜55歳	29.5	70.5	100.0	5.1	28.8	71.2	100.0	6.2	27.7	72.3	100.0	6.7

（資料）　『全国就業実態パネル調査』から筆者作成.

がある。この項目に「はい」と回答した者を再就職した女性とする。そのため，離職期間については見ることができず，短期間の離職・再就職者なども含まれてしまっている点には留意が必要である。さらに昨年の仕事の状況を尋ねているため，時点が1年ずれることになる。

　まず，2015年から2017年にかけて各年代に占める再就職女性の割合をみたものが表6-1である[11]。先述したように前年の再就職状況を尋ねているため2015〜2017年の状況となる。2016年，2017年は2015年よりも再就職比率がわずかに高まっている。また，再就職者が多い年代は35〜39歳，次いで30〜34歳，40〜44歳となっており，45歳以降はわずかに再就職割合は低下している。なお，この中で子どもがいる者の割合は5割強であり，末子年齢は0〜4歳が最も多くなっている（平均末子年齢は11歳）。

　再就職時の就業形態[12]，特に正社員として復職する者の割合についてはどうだろうか。図6-5は年代別・子どもの有無別にみた再就職者全体を100とした時の正社員としての再就職割合であり，設問は「昨年12月時点の仕事について，勤め先での呼称を教えて下さい」である。結果をみると，30歳代では子どもがいない者の正社員比率は3割弱であることに対し，子どもがいる場合は2割弱に低下する。40歳代以上は両者の差は縮小するものの，45〜49歳を除いては子どもがいない者の方が正社員としての再就職比率が高くなっており，子どもがいる場合は非正規雇用としての再就職比率が高いことがうかがえる。

　なお，再就職については子どものいる者といない者で動機が異なると考えられる。そこで，子どもの有無別に再就職の理由をみた。最も回答割合の高い「自分の都合のよい時間に働きたいから」は子どもありで63.4%，子どもなしで48.5%であり，次いで回答割合が高い「家計の補助・生活費・学費等を得たいから」は，子どもありで65.7%，子どもなしで45.0%である。最も子どもの有無により回答割合が異なるのが「家事・育児・介護等と両立しやすいから」であり，子どもありが46.4%，子どもなしで10.3%である。総じて子どもがいる女性の方がいない女性よりも回答割合が高くなっており，子どもを持つことで再就職時の時間の融通性をより求めるようになることがわかる。

　さらに，前節でみた「学び直し」についての学習活動については，再就職女性はどのような活動を行っているのだろうか。学習活動について本調査では昨年1年間に「学校に通った」「単発の講座，セミナー，勉強会に参加した」「通信教育を受けた」「eラーニングを受けた」「本を読んだ」「インターネットなどで調べものをした」「詳しい人に話をきいた」の7つについて尋ねている。[13]再就職の有無別にみたものが**図6-6**である。いずれも回答割合が多いのは「インターネットで調べ物をした」で再就職ありは49.9%，なしは41.1%である。次いで「本を読んだ」で再就職ありは36.2%，なしは29.9%である。自宅で行える自己

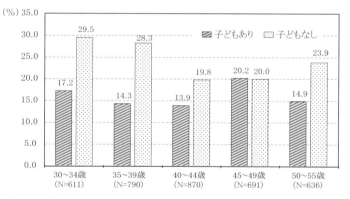

図6-5　年代別・子どもの有無別にみた再就職時の正社員割合（2016〜2018年）
（資料）　『全国就業実態パネル調査』から筆者作成．

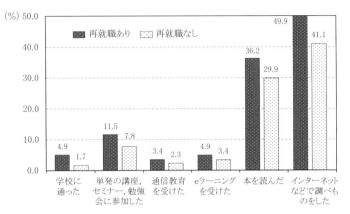

図 6-6 再就職の有無別にみた学習活動（2016〜2018 年，複数回答可）
(資料)　『全国就業実態パネル調査』から筆者作成.

学習に近い内容が多く，その他の学習行動は低調であることがわかった。しかし，いずれの学習行動も再就職をした者はより活発に行っており，再就職の前後にまず情報収集をかねたこれらの活動が増えることがうかがえる。

　再就職時の業種はどうだろうか。年代別にみると，30〜34 歳，35〜39 歳，45〜49 歳で最も多い再就職先の業種は「医療業（病院，歯科診療所など）」でそれぞれ 52 名（9.3%），74 名（10.5%），65 名（10.2%），40〜44 歳，50〜55 歳が「社会保険，社会福祉（保育所，託児所，訪問介護など）」でそれぞれ 51 名（6.3%），48 名（8.23%）である。医療・社会福祉系の仕事の割合が高い。さらに正社員として再就職した者にしめる医療・社会福祉系の業界の者の比率は 36.2% に達しており，女性が再就職する際の大きな受け皿となる業界であることがわかる。正社員として再就職した者の職種については業種よりもばらつきが大きいが，30〜34 歳で最も多いのがその他一般事及び栄養士，35〜39 歳が医療事務，その他一般事務職，40〜44 歳が総務，看護師，45〜49 歳が医療事務，看護師，50〜55 歳が介護士となっている。年代により職種も異なってくるが，40 歳代前半までは医療系をはじめとした事務の正社員としての再就職もみられる。栄養士・看護師・介護士などの専門スキルを備えた求人は，あらゆる年代

においてニーズがあるといえよう。

　また，役職については「役職についていない」が 89％もおり，ほとんどの女性は再就職時点では役職につかない状況である。あわせて，本設問は起業も含んでいるが，再就職時に「代表取締役・役員・顧問」である女性の割合は 2％程度である。最後に収入の変化についても確認したい。前職の収入の平均値は 176 万円，再就職時の収入の平均値は 132 万円であり，40〜50 万円程度の低下がみられる。これは，どの年代でもほぼ同様の傾向となっており，就業形態の変化なども大きく影響しているとみられる。

　次節では，どのような女性が再就職するのか，また正社員としての再就職を可能としているかについて確認する。

2）どのような女性が再就職するのか

　それでは，どのような女性が再就職したのか，また再就職した女性の中で正社員として勤務するための条件は何か，という 2 つの分析を行いたい。さらに，前節でも注目された「学び直し」をふまえ，「学習活動」[14]に関する変数も用いることとした。

　使用変数は次の通りである。被説明変数はモデル 1 は「再就職の有無」であり，モデル 2 では再就職した者のうち就業形態に着目するため「正社員就職ダミー」を用いる。先述の通り，この 2 つの変数はそれぞれ昨年 1 年間，昨年 12 月と前の時点について尋ねた設問である。説明変数は学習活動（7 つ）（昨年 1 年間）の他，年齢（コホート別），既婚有無ダミー，子ども有無ダミーであり，コントロール変数として地域ダミー，年次ダミーを加えた。推計式は以下の通りである。

$$R_{it} = \alpha_1 E_{it-1} + \alpha_2 X_{it-1} + \mu_i + \varepsilon_{it}$$

i は観察された個人，t は観察時点をあらわす。R_{it} はモデル 1 は t 期の女性の再就職有無，モデル 2 は再就職経験者のうち，t 期の正社員としての再就職有無であり，線形確率モデルを OLS で推計した。E_{it-1} はそれぞれの学習活動である。学習活動は個人の人的資本を高めると考えられるため，予想される結果の符号は正である。X_{it} は個人属性であり，年齢（コホート別），既婚有無ダミー，

図 6-7　分析に用いる各変数の時点の関係

（資料）　筆者作成.

子ども有無ダミー，地域ダミーである。これらは今年 1 月時点を尋ねた設問で
あるため，一期前の値を使用した。これにより，それぞれの年の 1 月の個人属
性が，その年の 1 年間の再就職活動にどのように影響を与えるかをみることに
なる。その他，年次ダミーを加えている。μ_i は固定効果，ε_{it} はその他の撹乱要
因である。なお，推計の際にラグをとっていること，欠損値を除いた事により
全体のサンプルが減少し 2016～2018 年で計 15,117 となった。記述統計量は章
末の附表を参照されたい。

　分析結果は**表 6-2** に示される。今回はプーリング回帰モデル，固定効果モデ
ル，変量効果モデルの推計を行い，検定の結果固定効果モデルが支持されたた
め，同モデルの結果を表示する。まずモデル 1 に着目すると，学習行動につい
ては「学校に通った」「単発の講座，セミナー，勉強会に参加した」「通信教育
を受けた」がいずれも正の効果となっており，再就職にあたってプラスに働い
ていることがわかる。次に年代であるが，予想通りではあるが年代が上がるに
つれて再就職確率は低下する。また，未婚者は既婚者よりも再就職確率が高い
結果となっている。

　次にモデル 2 に着目すると，再就職した女性のうち正社員としての就職確率
を高める要因は未婚者であることや子どもがいない，といった個人属性がまず
正社員としての再就職確率を高めており，次いで「通信教育を受けた」「単発の
講座，セミナー，勉強会に参加した」といった学習経験があることが挙げられ
る。家庭を持つこと，子どもを持つことは今なお女性について正社員としての
再就職への道筋を低くすることがうかがえる。また，年代も 30～34 歳代に比
べ，35 歳以上のどの年代も正社員としての再就職確率は低かった。さらに，表

表 6-2　再就職の決定要因及び正社員再就職する女性の推計

	モデル1:再就職			モデル2:正社員再就職		
	Coef.	Std.Err.	z	Coef.	Std.Err.	z
学校に通った	0.092 ***	0.018	5.08	-0.014	0.015	-0.98
単発の講座,セミナー,勉強会に参加した	0.028 ***	0.010	2.87	0.014 *	0.008	1.85
通信教育を受けた	0.049 ***	0.017	2.89	0.047 ***	0.014	3.39
eラーニングを受けた	0.000	0.015	0.02	-0.006	0.013	-0.48
本を読んだ	0.009	0.007	1.34	0.002	0.005	0.33
インターネットなどで調べものをした	-0.002	0.006	-0.24	0.005	0.005	1.03
詳しい人に話をきいた	0.010	0.010	0.98	0.004	0.007	0.53
年代(30~34歳)						
35~39歳	0.009	0.010	0.92	-0.044 ***	0.010	-4.24
40~44歳	-0.009	0.009	-0.97	-0.031 ***	0.011	-2.69
45~49歳	-0.036 ***	0.010	-3.74	-0.030 **	0.012	-2.55
50~55歳	-0.066 ***	0.009	-7.08	-0.036 ***	0.012	-2.99
結婚ダミー(既婚)						
未婚	0.015 **	0.007	2.21	0.232 ***	0.009	26.31
子どもダミー(子どもあり)						
子どもなし	0.007	0.006	1.09	0.048 ***	0.009	5.48
地域ダミー	0.000	0.000	-0.74	0.000	0.000	0.22
年ダミー(2017年)						
2018年	-0.001	0.005	-0.19	0.011 ***	0.003	4.14
定数項	0.101 ***	0.014	7.46	-0.113 ***	0.018	-6.24
sigma_u	0.153			0.380		
sigma_e	0.271			0.135		
rho	0.241			0.887		
N	15,117			15,117		

では示していないが既婚・子どもがおり正社員として再就職した女性の決定要因を推計すると，学習行動については「詳しい人に話をきいた」が正の効果となった。

おわりに

　本章では，2010 年以降の女性の就業状況及び就業期間の延長をふまえ，女性の再就職の状況について検証をおこなった。政策面では大きな変化があり，特に働き方改革の後押しもあり女性の再就職政策・リカレント教育が充実されようとしている。これに伴い，女性の学習行動が再就職にもプラスの効果をもた

らしていることがわかった。

　具体的には，公的統計の分析から，女性の正社員としての再就職にはなお「35歳の壁」が存在し，男性と非対称であること，非正規雇用を選択する場合は分析時期の好景気の影響があるものの自らその就業形態を選択する前向きな理由が増加していること，再就職先の業種としては介護・福祉分野の女性就業者の増加が著しいこと，離職理由についても，よりよい条件の仕事を探す，等の前向きな理由が増加していることが明らかになった。さらに大規模なパネルデータを用いた検証では，これらに加え結婚したり子どもがいる場合は再就職確率が低下すること，職種については業種同様に介護・福祉分野が多いこと，年齢によらず再就職を可能とするのは栄養士・看護師・介護士などといった資格職であること，役職者として再就職する女性はほとんどいないこと，再就職時の年収は前職の年収よりも平均で 40〜50 万円程度低下すること，などがわかった。

　さらにどのような女性が再就職するのかをみた分析では，直近の学習行動が大きく再就職有無に効果をもたらすことがわかった。特に学校に通うことは再就職に対し大きくプラスの効果を持ち，講座・セミナー・勉強会参加，通信教育の受講といった能動的な行動が効果を持つことがわかった。一方，45 歳以上になると再就職確率が下がるとともに，未婚であることが再就職確率を高めていた。今なお，結婚・出産が再就職時のハードルとなっていることが示された。正社員としての再就職については，「通信教育」を除いては学習行動も限定的な効果にとどまった。

　再就職する女性は一般化してきたとはいえ，その収入水準は十分ではなく家計補助の水準にとどまっている。また，業界・職種も偏りがみられる。さらに年齢を重ね，さらに既婚・子どもがいる場合は正社員としての再就職はしにくくなる。役職を持つポジションで再就職する女性はわずかに数％である。再就職時の女性の起業に関しても 2% 程度と低調である。データを見る限りでは，女性の再就職に関しては女性活躍推進施策を進める上で，さらなる検討が求められる。考えられる要因として，市場のニーズの急速な変化や高学歴者の配偶者

附表　記述統計量

	Obs	Mean	Std.Dev.	Min	Max
再就職ダミー	15,117	0.100	0.300	0	1
学習行動					
学校に通った	15,117	0.020	0.142	0	1
単発の講座、セミナー、勉強会に参加した	15,117	0.081	0.273	0	1
通信教育を受けた	15,117	0.023	0.149	0	1
eラーニングを受けた	15,117	0.029	0.168	0	1
本を読んだ	15,117	0.327	0.469	0	1
インターネットなどで調べものをした	15,117	0.443	0.497	0	1
詳しい人に話をきいた	15,117	0.083	0.276	0	1
年代					
30～34歳	15,117	0.122	0.327	0	1
35～39歳	15,117	0.166	0.372	0	1
40～44歳	15,117	0.226	0.418	0	1
45～49歳	15,117	0.211	0.408	0	1
50～55歳	15,117	0.276	0.447	0	1
結婚ダミー	15,117	1.322	0.467	1	2
未婚ダミー	15,117	1.407	0.491	1	2
地域ダミー	15,117	20.443	11.778	1	48

　の収入水準が高いこともあるかもしれないが，日本の企業内だけでなく，家族内においても今なお男女役割分業の社会規範が根強く残る可能性を示唆しているかもしれない。この男女役割分業観とは，男性だけではなく女性自身にもあてはまる。

　研究上の課題としては，個人の離職期間を考慮した分析を行うことができなかったため，離職期間が再就職にどのような影響をもたらすかについての検証は行えていない。また，データの期間も短いことからさらに長期的な期間のデータを用いた検証も望まれる。これらは筆者に課せられた今後の課題としたい。

〈謝辞〉　本稿作成にあたり，東京大学社会科学研究所 SSJ アーカイブよりリクルートワークス研究所『全国就業実態パネル調査』の提供を受けた。なお，本研究は JSPS 科研費（19KK0042）及び（17KT0037）の助成を受けたものである。

注

(1) 同法の理念とは「男女の人権が尊重され，かつ，急速な少子高齢化の進展，国民の需要の多様化その他の社会経済情勢の変化に対応できる豊かで活力ある社会を実現する」とするものである。

(2) 配偶者控除の年収要件を 103 万円以下から 150 万円以下に引き上げを行った。

(3) さらに，「職業実践力育成プログラム」(BP)「女性のためのスマートキャリアプログラム」が専門実践教育訓練給付金制度に認定されている（2019 年度予算概算要求に 19 億円計上）。

(4) 具体的事例としては日本女子大学のスマートキャリプログラム（2007 年〜），関西学院大学のハッピーキャリアプログラム（2009 年〜），昭和女子大学のキャリアカレッジビジネス（2010 年〜），明治大学のリカレント教育課程（2015 年〜），福岡女子大学の女性のためのウェルカムバック支援プログラム（2019 年〜）等がある。女性のためのリカレント教育推進協議会も 2019 年に発足している。

(5) マザーズハローワーク（21 カ所），マザーズコーナー（178 カ所）（2018 年時点）。

(6) 株式会社ビースタイルが運営する「しゅふ JOB パート」等がある。

(7) 図 6-1，図 6-2 について 2011 年，2012 年は欠損値となっているため除く。

(8) 2011 年は欠損値となっているため除く。

(9) 本調査は総務省統計局『労働力調査』のデータをもとに，属性別に割付を行っている。

(10) 本データは毎年追加サンプルが投入されており，それぞれの年度の調査概要は次の通りである。2016 年実施第 1 回調査：2016 年 1 月 14 日〜25 日実施，有効回収数 49,131 名，有効回収率 33.9%，2017 年実施第 2 回調査：2017 年 1 月 13 日〜31 日実施，①継続サンプル　有効回収数 34,796 名，有効回収率 75.2%　②追加サンプル　有効回収数 13,967 名，有効回収率 58.4%，2018 年実施第 3 回調査：2018 年 1 月 12 日〜31 日実施，有効回収数 50,677 名　①継続サンプル 37,503 名，有効回収率 79.7%　②追加サンプル 10,369 名，有効回収率 62.6%　③復活サンプル 2,805 名，有効回収率 23.4%

(11) サンプルサイズは女性全体である。また，無業は同年 12 月に「少しも仕事をしなかった人」であり，有業は「少しでも仕事をした人」をさす。同年に無業から有業に転じた人を人数でみると，2016 年が 1,063 人，2017 年が 1,350 人，2018 が 1,234 人となった。

(12) 就業形態についての設問は「昨年12月時点の仕事について，勤め先での呼称を教えて下さい」である。
(13) 設問は「昨年1年間，あなたはどのような学習活動を行いましたか。あてはまるものをすべてお選び下さい」である。
(14) 設問は「昨年1年間，あなたはどのような学習活動を行いましたか。あてはまるものをすべてお選び下さい」である。

参考文献

岩田正美・大沢真知子（2015）『なぜ女性は仕事を辞めるのか：5155人の軌跡から読み解く』青弓社.

大内章子（2007）「均等法世代の総合職女性の離転職行動」日本組織学会編『組織科学』Vol. 41(2), pp.29-41.

大沢真知子・鈴木陽子（2012）『妻が再就職するとき』NTT出版.

首相官邸（2016）「働き方改革実行計画」.

首相官邸（2017）「人生100年時代構想会議」.

武石恵美子（2001）「大卒女性の再就業の状況分析」『大卒女性の働き方』日本労働研究機構, chap.7.

内閣府（2019）『令和元年度男女共同参画白書』.

永瀬伸子・縄田和満・水落正明（2011）「『労働力調査』を用いた離職者の再就職行動に関する実証的研究」『総務省統計局リサーチペーパー』No.24.

日本労働研究・研修機構（2017）「子育て世帯のディストレス」（労働政策研究報告書No.189）.

ファザーリング・ジャパン編（2014）『ママの仕事復帰のために』労働調査会.

文部科学省（2018）「文部科学省におけるリカレント教育の取組一学びを通じた女性の社会参画の推進～」.

リクルートワークス研究所（2018）「全国就業実態パネル調査」.

Handy J. and Davy D.（2007）"Gendered Ageism: Older Women's Experiences of Employment Agency Practices," *Asia Pacific Journal of Human Resources*, Vol.45, pp.85-99.

164

Lippmann S. (2008) "Rethinking Risk in the New Economy: Age and Cohort Effects on Unemployment and Re-Employment" *Human Relations*, Vol.61 (9), pp.1259-1292.

（寺村絵里子）

第7章　老後生活の経済

はじめに

　わが国の高齢者数（65歳以上）⁽¹⁾は，2018年10月1日現在，3557万8千人，総人口1億2644万3千人に対して28.1%であり，世界で最も高齢化率の高い国である。こうした高齢者の生活はどのように支えられているのであろうか。かつては，子どもが老親と同居して面倒をみるという家族内での扶養という仕組みであったが，今日では，一人暮らしや夫婦のみの世帯の高齢者が増加してきており，公的年金によって多くの高齢者の生活が支えられるようになってきている。

　国民生活基礎調査（厚生労働省 2020a）によると，高齢者のいる世帯のうち高齢者のみの世帯（以下，「高齢者世帯」⁽²⁾という）の割合は，1986年では23.9%であったものが，2018年では56.3%と2.4倍に増えている。すなわち，子どもに頼らず，高齢者だけで生活している世帯が過半を占めている。2018年では，この高齢者世帯の約半数が単独世帯，残りの半数が夫婦のみの世帯である。

　これらの高齢者世帯の収入はどうなっているであろうか。2017年の所得についてみると，全世帯の平均所得金額551万6000円に対して，高齢者世帯では，334万9000円とかなり低くなっている。これは世帯規模が小さいことによる影響が大きいが，高齢者世帯では，世帯による所得の差が大きいことにも注意が必要である。少数の所得の高い世帯が平均値を引き上げているため，中央値は266万円と平均値よりかなり低い。実際，150万円未満の世帯が4分の1近くを占めており，55.1%の高齢者世帯では生活が苦しいと答えている。

166

　一方，子どもと同居している高齢者も依然として多い。高度経済成長以降，大きく減少してきているが，2018年では，37.2%の高齢者が子どもと同居している。こうした世帯の中には，パラサイト・シングルの子どももいることから，必ずしも子どもに生活が支えられているわけではないが，子どもの所得も老後生活の大きな支えになっている。

　このように，老後生活は様々であり，一律に平均値や中央値で老後生活の実態を考えることは適切ではない。そこで，本章では，高齢者のいる世帯の所得の分布について，足元だけではなく，将来推計を試みた。具体的には，ダイナミック・マイクロシミュレーションという手法を用い，個票データのままで，世帯や家族の構成，公的年金や稼働所得について，モンテカルロ法によるシミュレーションを行った。

　稲垣（2015, 2016）は，2000年代前半の個々人の行動が基本的に変わらない[3]とし，公的年金の2009年財政検証結果（厚生労働省年金局数理課 2010）を用いて，将来の高齢者の家族構成や所得分布のシミュレーションを実施し，生活扶助基準を貧困線とした高齢者の貧困率を性別・配偶関係別に将来推計を行っている。その結果，高齢者の貧困率は，2050年頃までには足元の2倍程度まで上昇し，とりわけ，未婚・離別の高齢女性では貧困率の上昇が著しく，50%を超えることが示されている。

　本章のシミュレーションは，このシミュレーションの前提を，いくつかの最新のデータに置き換えて改定したものである。老後の所得に大きな影響を及ぼす公的年金の見通しについては，2009年財政検証結果を2019年財政検証結果（社会保障審議会年金部会 2019）に置き換えた。また，この10年間に物価や賃金の上昇率などが想定と大きく乖離していることから，これらの経済指標についても実績に置き換えた。人口の将来見通しは，大きく修正されていないことから，特に改定は行っていないが，出生率の高位推計と低位推計に対応する新たなシミュレーションを行った。

　まず，この10年間の経済の動きが高齢者の所得にどのような影響を与えたかについて示し，次いで，公的年金の財政検証の諸前提の改定によって，将来の高

齢者の貧困率の見通しがどのような影響を受けるかを明らかにする。最後に，将来の高齢者の貧困を少しでも改善するために，どのような対応が必要かを考える。

第 1 節　研究の方法

(1) ダイナミック・マイクロシミュレーションモデル

　高齢者の年金額分布や同居家族，貧困率などの将来見通しを推計するためには，個人や世帯といったミクロの単位で将来推計を行うことが必要不可欠であることから，ダイナミック・マイクロシミュレーションという手法を用いた。利用したモデルは，日本社会のダイナミック・マイクロシミュレーションモデルである世帯情報解析モデル（Integrated Analytical Model for Household Simulation, 以下 INAHSIM）（稲垣 2007）である。

　このモデルは，**図 7-1** に示すシミュレーション・サイクルを，2004 年から 2100 年までモンテカルロ法によってシミュレートするものであり，モデルに組み込まれているライフイベントには，人口動態（結婚，出生，死亡，離婚，国際人口移動）とそれに伴う世帯移動，介護状態の遷移，就業状態の遷移，稼働

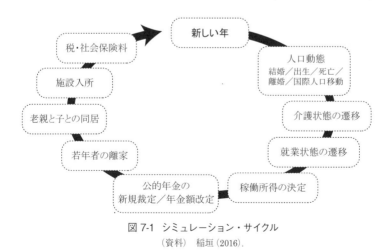

図 7-1　シミュレーション・サイクル
（資料）　稲垣（2016）.

所得の決定，公的年金の新規裁定・年金額改定，若年者の離家，老親と子との同居，施設入所及び税・社会保険料の算定が含まれる。各ライフイベントは，個々人の行動を表す遷移確率（transition probability）[4]によってコントロールされ，超長期にわたる人々の行動がシミュレートされるとともに，社会経済属性が個々人単位で推計される。

稲垣（2016）では，これらの人々の行動について，基本的には，2000 年代前半の行動が将来にわたって変化しないものと想定している。ただし，出生率・初婚率・死亡率は低下傾向にあり，女子雇用や高齢者雇用が進んでいることから，これらの傾向について，公的な将来推計である日本の将来推計人口（金子ほか 2012），日本の世帯数の将来推計（2008 年 3 月推計）（国立社会保障・人口問題研究所 2014），2009 年財政検証の仮定にできる限り合致するよう想定されている。

また，初期値人口は，大規模標本調査である 2004 年国民生活基礎調査の個票データ[5]を用いて作成されているが，非回答誤差などによって人口構成などが全数調査である国勢調査結果に合致しないため，回収率の違いに由来する標本バイアスなどを補正したり，いくつかの属性を追加したりされている[6]。

本章のシミュレーションは，先に述べたように，いくつかの経済前提や遷移確率を最新のものに改定して実施したものである。

（2）公的年金の仕組みとマクロ経済スライドによる調整率

わが国の公的年金制度は，だれもが加入する国民皆年金の制度であり，老後生活の主柱となる年金を支給する仕組みである。しかしながら，少子高齢化の進行の中で，長期的な財政を安定させるため，2004 年改正において，保険料の引き上げだけでなく，年金給付を少しずつ低下させる仕組みが導入された。具体的には，生活水準や物価上昇に応じて引き上げられる年金額の引上げ率を抑える仕組みであり，マクロ経済スライドと呼ばれるものであり，この抑制分を調整率と呼んでいる。この結果，年金額の物価スライド等が調整率の分だけ低くなることから，年金受給者の生活水準は調整率の分だけ相対的に低下してい

くことになる。

　公的年金制度では，財政が長期的に健全であるかどうかを検証するため，5年ごとに財政検証が行われている。直近では，2019年8月27日に2019年財政検証結果が公表された。6とおりの経済前提（ケースⅠ〜Ⅵ）と3とおりの出生率の前提（中位，高位，低位），計18とおりの組み合わせにおいて，調整率の将来見通しが示されている。

　調整率は，複雑な計算式によって決定されるが，平均的には，毎年1%程度である。ポイントはこの調整をどれくらいの期間続けるかであり，調整期間が長いほど，年金水準の引下げ幅が大きくなる。経済前提（ケースⅢ），出生率（中位）では，厚生年金では2025年まで，基礎年金では2047年までこの調整を続けると，年金財政が長期的に安定すると見込まれており，最終的には，厚生年金は2.6%，基礎年金は28.0%だけ給付水準が相対的に低下することになる。一般に，低年金の受給者は基礎年金の割合が高いが，基礎年金の方の調整期間が長く，累積の調整率が大きくなることから，低年金の受給者ほど低下率が大きい。なお，出生率（高位）では，最終的な厚生年金と基礎年金の低下率は，それぞれ，0%（調整なし），22.6%（2043年まで）であり，出生率（低位）では，それぞれ，6.3%（2028年まで），33.6%（2050年まで）と見込まれている。

(3) 経済前提と遷移確率の改定

　今回のシミュレーションで改定を行った前提条件・遷移確率は，①実質賃金上昇率などの経済前提とマクロ経済スライドによる調整率，②出生率・初婚率等に関する遷移確率である。

　まず，経済前提等については，2009年財政検証結果を，2019年までの実績と2019年財政検証結果に置き換えた。2019年財政検証では6とおりの経済前提が想定されているが，2009年財政検証のように標準ケースが設定されていない。そこで，ここでは，よく利用される経済前提ケースⅢを用いた。ただし，このケースは経済成長と労働参加が進むケースであり，これらが実現しない場合には，ここで示すシミュレーション結果よりも厳しい結果となる。

　実質賃金上昇率については，2009 年財政検証が 1.5％と見込んでいることに対して，2019 年財政検証は 1.1％であり，下方修正となっている。実質賃金上昇率が高いほど，年金財政にはプラスの効果があり，マクロ経済スライドによる年金水準の調整期間は短くなる。一方，実質賃金上昇率分だけ高齢者の年金水準が相対的に低下していくので，実質賃金上昇率が高いほど，現役世代に対する高齢者の生活水準が大きく低下することになる。これらが相殺関係にあるので，遠い将来における高齢者の貧困率に対する実質賃金上昇率の高低の影響は小さい。

　若者，女性，高齢者等の方の労働市場への参入については，いずれの財政検証においても，各種の雇用施策を講ずることによって進展していくと想定されているが，2019 年財政検証の方がより進展すると想定されている。2030 年の就業率で比較をすると，2009 年財政検証では 57.5％であることに対して，2019 年財政検証では 60.1％と想定されている。2019 年財政検証の基礎となった労働力需給の推計（独立行政法人労働政策研究・研修機構 2019）では，労働市場への参加について，参加現状シナリオ（ゼロ成長），参加漸進シナリオ（ベースライン），参加進展シナリオ（成長実現）の 3 つのシナリオが想定されているが，財政検証では，参加進展シナリオを採用している。なお，2009 年財政検証で想定されていた労働力の見通しは，今回の参加漸進シナリオにおおよそ相当している。したがって，労働参加の進展シナリオが上方修正されたことになり，年金財政にはプラスの効果があることから，マクロ経済スライドによる年金水準の調整期間を短くする効果がある。

　次に，出生率・初婚率等については，日本の将来推計人口（2017 年推計）（国立社会保障・人口問題研究所 2018a）の中位ケース，高位ケース，低位ケースの 3 つのケースに対応する遷移確率を設定してシミュレーションを行った。本モデルと日本の将来推計人口では，その推計手法が異なるため，厳密に一致させることは難しいが，できる限り一致するように設定をした。

　日本の将来推計人口における出生率の将来見通しは，女性の平均初婚年齢，50 歳時未婚率，夫婦完結出生児数，離死別再婚効果によって説明されている。

2017 年の中位推計では，2000 年生まれ女性コーホートについて，それぞれ，28.6 歳，18.8%，1.79 人，0.955 と設定され，コーホート合計特殊出生率は 1.397 と想定されている。一方，本モデルでは，これらの指標を直接想定するのではなく，年齢別・就業状態別初婚確率，母の年齢別・出生順位別有配偶出生率，妻の年齢別・子の有無別離婚確率を想定してシミュレーションを行うものであり，前提条件ではなく，結果として得られるものである。

　ベースライン（中位）の出生率に関する 4 つの指標と合計特殊出生率を比較すると，本モデルでは，2000 年生まれ女性コーホートの平均初婚年齢，50 歳時未婚率，夫婦完結出生児数，離死別再婚効果が，それぞれ，28.6 歳，18.1%，1.76 人，0.958，合計特殊出生率(8)が 1.38 という結果になっており，中位推計と大きな差がみられないことから，特に補正せずにそのまま用いた。

　高位推計に対応する出生率については，日本の将来推計人口の高位推計にできる限り一致するよう，遷移確率を見直した。日本の将来推計人口における 4 つの指標とコーホート合計特殊出生率は，公式推計では，それぞれ，28.2 歳，13.2%，1.91 人，0.955，1.591 であることに対して，シミュレーション結果では，28.3 歳，13.7%，1.91 人，0.966，1.59 であった。

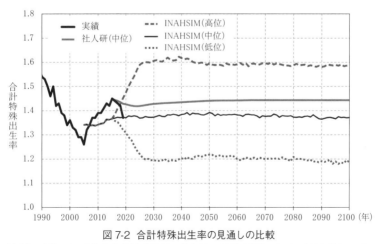

図 7-2　合計特殊出生率の見通しの比較

（資料）　実績は人口動態統計（厚生労働省），社人研は国立社会保障・人口問題研究所（2018a），
　　　　 INAHSIM は筆者推計.

　低位推計に対応する出生率については，日本の将来推計人口の低位推計にできる限り一致するよう，遷移確率を見直した。日本の将来推計人口における4つの指標とコーホート合計特殊出生率は，公式推計では，それぞれ，29.0歳，24.7%，1.68人，0.955，1.213であることに対して，シミュレーション結果では，28.9歳，23.8%，1.68人，0.939，1.20であった。

　図7-2は，合計特殊出生率の見通しについて，実績値，日本の将来推計人口の前提，本モデルの結果を比較したものである。2019年の実績値が大きく低下する見込み[(9)]であることから，2019年の出生率は，結果的に本モデルのベースライン推計値が一番近くなっているが，そもそも出生率は様々な要因で変動するものであり，これだけの結果から，どのモデルがもっとも合致しているということはできない。むしろ，高位・低位の結果などを含め，幅をもって考察する必要がある。

(4) 貧困率の定義

　貧困率は，貧困線をどう設定するかによってその水準は大きく変わってくる。一般的によく利用されるのは，OECD基準の相対的貧困率と呼ばれるもので，等価可処分所得の中央値の2分の1を貧困線として，貧困線に満たない者の割合を相対的貧困率と定義するものである。国民生活基礎調査によると，2015年の貧困線は122万円で，これに満たない者の割合である相対的貧困率は，全年齢で15.7%，子どもの相対的貧困率は，13.9%であった。高齢者の相対的貧困率は公表されていないが，2012年の高齢者の相対的貧困率は19.0%で，他の年齢層に比べるとかなり高くなっている（阿部 2018）。

　本章では，貧困線を2012年度の生活扶助基準[(10)]として，貧困率を推定した。これは，ダイナミック・マイクロシミュレーションでは，世帯人員だけでなく，世帯員の年齢も考慮した貧困線に基づいて貧困率を算定できるためで，より貧困の概念に近い生活保護制度の基準が利用できるからである。この貧困率を老後生活の経済を分析するための指標として用いる。

第 2 節　結果と分析

（1）一人暮らしの高齢者の将来見通し

　高齢者の生活水準は，家族と同居しているか，一人暮らしかで大きく違っており，とりわけ一人暮らしの高齢者では，貧困線以下になる割合が高い。阿部（2018）は高齢者の相対的貧困率を世帯構造別に比較しているが，2015 年における相対的貧困率は，男性については，単独世帯が 29.2％，夫婦のみ世帯が 15.3％，高齢女性については，それぞれ，46.2％，15.4％となっており，単独世帯とりわけ高齢女性の単独世帯の相対的貧困率が高い。

　したがって，老後生活の経済をみるためには，一人暮らしの高齢者の将来見通しが極めて重要になる。**図 7-3** は，単独世帯の高齢者の割合について，1986年から 2100 年までその実績値と将来見通しを示したものである。将来見通しは，日本の世帯数の将来推計（2018 年推計）（国立社会保障・人口問題研究所2018b）では，2015 年から 2040 年まで，マイクロシミュレーションモデルによる将来推計では，出生中位，高位，低位の別に，2005 年から 2100 年まで示し

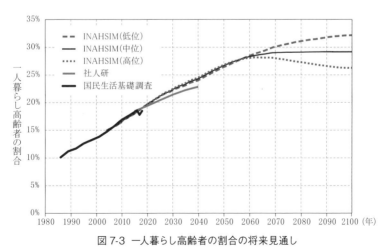

図 7-3　一人暮らし高齢者の割合の将来見通し

　（資料）　実績は国民生活基礎調査（厚生労働省），社人研は国立社会保障・人口問題研究所（2018b），INAHSIM は筆者推計.

174

た。

　一人暮らし高齢者の割合は，実績，将来見通しとも一貫して上昇しており，
超長期の推計をみると，2050 年頃までは出生率の高低にかかわらず，27％程度
まで上昇すると見込まれる。2018 年における実績値が 19％程度であることか
ら，今後 30 年程度の間に 8％ポイント上昇すると見込まれる。高位推計では，
出生率が回復していくと見込まれているが，一人暮らしの高齢者の割合に影響
を及ぼすのは 30 年以上先のことであり，出生率の動向いかんにかかわらず，当
分の間は，急激な増加は避けられない。

　このように，一人暮らしの高齢者の割合が増加していくと，今後，高齢者の
貧困率が急速に上昇していくことが懸念される。高齢者の貧困率は，これまで，
ほぼ横ばいあるいは若干の低下傾向にあったが，これは，公的年金制度の成熟
化による平均的な年金水準の上昇と一人暮らし高齢者の割合の上昇が相殺関係
にあったからであると考えられる。しかし，新規裁定者の年金については，成
熟化によってすでに定常的な水準に達しており，今後は年金水準の上昇が期待
できないことから，一人暮らしの高齢者の割合の増加に伴って，貧困率が急速
に上昇していくことは避けられない。

(2) 貧困率の将来見通し（出生率中位）

　図7-4 は，貧困率の将来見通しについて，高齢者と高齢者以外の貧困率の将
来見通しを比較したものである。また，改定前（旧推計）と改定後（新推計）
の将来見通しも比較しているが，旧推計は，2009 年財政検証（標準ケース）に
基づくもの，新推計は，2019 年財政検証（ケースⅢ）に基づくものである。新
推計は，2010 年から 2019 年までの経済前提やマクロ経済スライドによる調整
率を実績値に置き換えたものである。2020 年以降は，それぞれの財政検証で設
定された経済前提や労働力の進展に基づいてシミュレーションを行ったもので
ある。

　高齢者以外の貧困率は，新旧どちらの推計もほぼ同じ結果となっているが，
これは，国民全体の所得水準に対する貧困線の相対的水準が将来も変わらない

ものとしていることから，賃金上昇率等の変化の影響をほとんど受けないためである。貧困率は，2030 年にかけて若干上昇するものの，2030 年以降は，10％程度でほぼ一定と推計される。

　一方，高齢者の貧困率は，新旧推計で大きく異なっている。全体的に新推計の貧困率が低く，とりわけ，2040 年頃までは大きな差がみられる。これは，2009年財政検証では，2012 年からマクロ経済スライドが適用されるという想定になっており，2019 年度までに 8.4％削減される見通しであったが，実績では 1.4％しか削減されておらず，新推計では，旧推計よりも 7％高い年金水準になっている。そのため，貧困率が 3〜4 ポイント低下したものである。

　しかしながら，2020 年以降は，新推計でもマクロ経済スライドが発動される見通しであるので，長期的にはこの差が維持されることになる。ただし，旧推計では 2038 年で調整が終了することに対して，新推計ではその後も調整が続き，2047 年まで調整が続くことから 2038 年以降はその差が徐々に小さくなっていく。最終的な所得代替率はどちらも同じくらいであるが，新推計の実質賃金上昇率が低く，相対的に高齢者の年金が高く評価されることから，最終的な貧困率は新推計の方が若干低い。

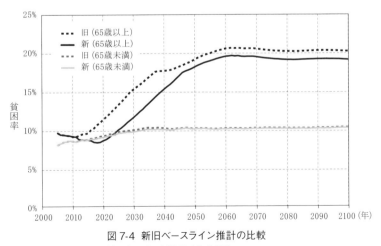

図 7-4　新旧ベースライン推計の比較

（資料）　旧推計は稲垣（2016），新推計は筆者推計.

　前述第(1)項では，相対的貧困率について，一人暮らしの高齢者の相対的貧困率が著しく高いことを述べた。高齢夫婦のみ世帯と比べると，男性では約2倍，女性では約3倍であった。このシミュレーション結果は，生活扶助基準を貧困線とした貧困率であるが，貧困線を変更しても，一般的にこの格差には大きな違いはない。したがって，一人暮らしの高齢者の割合が増えれば増えるほど，生活扶助基準による貧困率も上昇していくことになる。一人暮らしの高齢者の割合は2018年の18.5%から2060年代まで上昇を続け，28%程度になると見込まれる（図7-3）ことから，高齢者の貧困率の上昇は2060年頃までは続くはずである。実際，シミュレーション結果によれば，2060年頃まで上昇が続き，足元の2倍の20%近くに到達すると見込まれる。

　これは高齢者全体の貧困率の見通しであるが，一人暮らしになるリスクが大きい配偶者のいない高齢者の貧困率はどうなるであろうか。性別・配偶関係別に貧困率の見通しを比較したものが，**図7-5**である。男性は，配偶関係によって著しい差がないことから，男性は全体の見通しのみを示している。これに対して，女性は，配偶関係によって貧困率に著しい差がある。とりわけ，未婚・離別の高齢女性の貧困率の上昇が著しい。これは，年金額が低いことに加え，

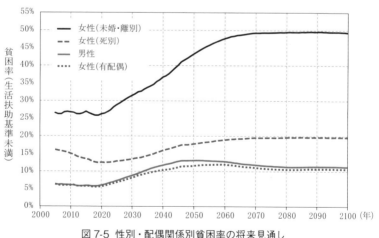

図 7-5 性別・配偶関係別貧困率の将来見通し

（資料）　筆者推計.

一人暮らしになる可能性が極めて高いからである。死別の高齢女性も一人暮らしになる可能性は高いが，遺族年金が手厚いこと，未婚・離別の高齢女性と比べて子どもがいることが多く，子どもとの同居もあることから，貧困率はそれほど上昇しない。

　公的年金制度は，制度自体は男女の差別はほとんどなく，むしろ女性の方が若干優遇されている面もある。しかしながら，公的年金の額は，現役時代に納めた保険料に応じて決められる仕組みになっており，非正規雇用が多く，賃金水準が低い女性の年金は男性に比べてかなり低い。

　2018 年度末における厚生年金保険（第 1 号）の老齢給付受給権者の年金月額階級別分布（厚生労働省 2020 b）をみると，男性は，通算老齢年金を中心とした 7〜8 万円をピークとする山と，老齢年金を中心とした 18〜19 万円をピークとする山に分かれているが，女性では通算老齢年金を中心とした 7〜8 万円のピークのみとなっている。

　これは，女性では，老齢年金受給者数が通算老齢年金受給者数に比べて人数が著しく少ないために，老齢年金のピークが形成されないためである。実際，老齢年金の受給者数は，男性が 1,063 万人であることに対して，女性は 527 万人と半数にとどまっている。老齢年金を受給していない女性は基礎年金のみか，それに通算老齢年金（たとえば，結婚前の短い期間に対応する厚生年金）が加わったものであり，年金額は低い。男女の雇用格差が年金額に反映される仕組みになっているからである。

　この結果，未婚・離別の高齢女性は，年金額が低く，一人暮らしのリスクが高いことから，貧困率が著しく高くなってしまうことになる。一方，有配偶や死別の高齢女性の貧困率はそれほど高くはならない。これは，かつては，女性は専業主婦として夫を支えるということが社会規範であり，そのため，年金制度も専業主婦や死別女性に対して手厚い給付をする仕組みとして構築されたからである。具体的には，専業主婦には，保険料を納付しなくても満額の基礎年金が受給できる第 3 号被保険者制度があり，夫と死別したときには，この基礎年金に加えて，夫の厚生年金の 4 分の 3 が支給される遺族年金制度がある。も

ちろん，専業主夫に対しても同様な仕組みとなっているが，現実には，専業主
夫は非常に少なく，もっぱら女性のための仕組みと考えてよい。

　このように，未婚・離別の高齢女性の貧困率の上昇は著しい。これに加えて，
こうした高齢女性が今後急速に増えていくと見込まれることが大きな問題であ
る。図7-6は，配偶関係別の高齢女性の割合の将来見通しを表したものである。

　未婚・離別の高齢女性の割合はこれまで緩やかに上昇してきているものの，
2010年代でも全体の1割程度に過ぎない。1970年代までの高度経済成長期に
は，男女の役割分担が明確であり，女性は結婚して専業主婦になることが一般
的であったが，そうした世代が現在の高齢者になっている。したがって，ほと
んどの高齢女性が有配偶または死別であることは，当然の帰結であり，公的年
金制度を含む様々な社会制度は，そうしたライフスタイルを前提に構築されて
いる。

　しかしながら，高度経済成長の終焉とともに，人々のライフスタイルは多様
化し，1980年代には，未婚や離別も一般的になってきた。生涯未婚率は上昇を
続け，夫婦の3分の1が離婚する時代になっている。この多様化したライフス
タイルの人々は，まだ高齢期には達していないが，2020年代から高齢者の仲間

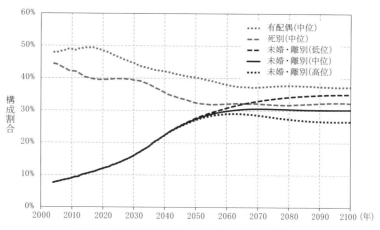

図7-6　配偶関係別高齢女性の割合の将来見通し

（資料）　筆者推計.

入りをすると見込まれる。

　そのため，未婚・離別の高齢女性の割合は今後急速に上昇し，2050 年頃には全体の 3 分の 1 を占め，有配偶，死別，未婚・離別がほぼ同数になると見込まれる。これまであまり考慮されてこなかった未婚・離別の高齢女性の存在は，当たり前の時代になると予測される。

　合計特殊出生率，あるいはその要因である生涯未婚率，離婚率，夫婦の完結出生児数が，今後どのようなトレンドになるかには様々な見方があり，将来推計人口においても，中位推計のほか，高位推計と低位推計が公表されている。出生率の動向などは，長期的な高齢者の属性に大きな影響を与えるが，その影響が顕著に表れるのは数十年先のことであり，2050 年頃までは，未婚・離別の高齢女性の割合には大きな影響を与えない。すなわち，今後 20〜30 年の間の未婚・離別の高齢女性の割合の急激な上昇は，避けられないわけである。

(3)　出生率回復の貧困率への効果

　前項で述べたように，未婚・離別の高齢女性の割合の急激な上昇は，出生率が回復しても 2050 年頃までは避けられないが，公的年金の水準はどうであろうか。出生率の回復は，超長期的な視点で財政を考える公的年金には大きな改善効果がある。2019 年財政検証によると，経済前提ケースⅢの場合における最終的な所得代替率は，中位推計では 50.8%（基礎 25.2%（2047 年まで調整。以下同じ），比例 24.6%（2025 年）），高位推計では 53.4%（基礎 28.2%（2043 年），比例 25.3%（調整なし）），低位推計では 47.8%（基礎 24.2%（2050 年），比例 23.7%（2028 年））となっている。すなわち，出生率が回復する高位推計では，年金水準の削減幅をかなり圧縮できる見通しとなっている。

　しかしながら，マクロ経済スライドによる調整は，財政状況がよいと見込まれるケースでも，毎年の調整率を圧縮する仕組みではなく，毎年の調整率は固定して，調整を早く終了させる仕組みが採用されている。そのため，財政状況が改善したとしても，基礎年金の調整期間が終了するまでは，年金水準の実質的な水準の低下が同じように続くこととなる。貧困率に大きな影響を与える基

礎年金については，高位推計であっても，2043年までは調整が続くことになる。
したがって，出生率の回復によって年金財政の改善が見込まれたとしても，2040
年代半ばまでの高齢者の貧困率のトレンドにはほとんど影響を与えない。

　図7-7は，出生率の違いが貧困率に与える影響をみるために，出生中位・高
位・低位の別，男女別に高齢者貧困率の将来見通しを比較したものである。超
長期的には，出生率の回復が貧困率の低下に大きく寄与するが，2040年代半ば
まではほとんど影響がない。これは，まず，2040年代半ばまでは，単身高齢者
の割合（図7-3）や配偶関係別の高齢女性の割合（図7-6）にほとんど差がない
こと，マクロ経済スライドによる給付の削減が2043年まで出生率如何にかかわ
らず同程度であることが挙げられる。すなわち，超長期的には大きな効果が期
待できる出生率の回復も，2040年代半ばまではほとんど効果がないことを示し
ている。

　これは，出生率回復の効果が出現するまでに，少なくとも20年，すなわち，
子どもが成長して労働力になるまでの20年以上必要であることが大きい。ま
た，高齢者の年金は，現役時代に納めた保険料に基づいて決定されるので，す
でに中高年になっている者の場合，ほぼ確定されているからである。仮に雇用

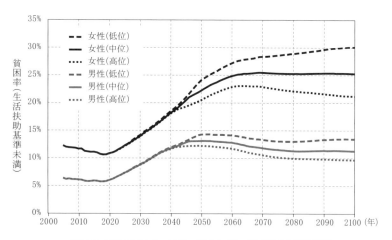

図7-7　出生率（中位・高位・低位）別・貧困率の将来見通し

（資料）　筆者推計.

が進展したとしても，今後 10 年〜20 年くらいで高齢者になる者は，十分に保険料を納付することができないため，その影響は小さい。

第 3 節　考察

　前節では，新ベースライン推計を用いて，2020 年頃までは高齢者の貧困率がゆるやかに低下しているが，2020 年以降は急激な上昇に転じることを示した。これは，一人暮らしの高齢者が今後急速に増加していくことに加え，マクロ経済スライドによる年金額の引き下げが本格的に始まり，その引下げが長期にわたって続くことが原因であることを示した。

　一人暮らしの高齢者の増加など人口構造上の問題は，仮に出生率が回復してもすぐには効果が表れないので，高齢者の貧困率の上昇を抑制するためには，年金水準を維持することが必要不可欠である。これは，2020 年まで，結果的にマクロ経済スライドがほとんど発動されなかったことにより，高齢者の貧困率の上昇が抑制された事実からも明らかであろう。

　一方，少子高齢化の進行の中で，マクロ経済スライドを実施しないと年金財政が破綻するという問題があり，この相矛盾する二つの課題を解決する必要がある。そのためには，年金の給付総額を実質的に削減するとしても，低年金の者は年金額の削減しない，あるいは削減率を小さくするような仕組みを講ずる必要がある。本章では詳しく触れなかったが，現行の年金制度は，低年金の者ほど実質的な削減率が大きくなる仕組みになっている。2019 年財政検証によると，基礎年金（定額部分）の削減率が 28.0% であることに対して，その上乗せである報酬比例年金の削減率が 2.6% であるからである。

　公的年金制度は，基礎年金と報酬比例年金が別々の勘定になっており，長期的な収支の均衡を図るためには，財政基盤の弱い基礎年金の勘定の方を大きく削減する必要がある。高齢者の貧困を少しでも抑制するためには，勘定を統合し，削減率をそろえることが最低限必要であろう。さらに一歩進んで，基礎年

182

金を削減せず，報酬比例年金の削減で長期的な収支の均衡を図ることがより望ましいと考えられる。

　しかしながら，財政統合によってマクロ経済スライドによる調整を工夫したとしても，もともと年金額の低い一人暮らしの高齢者の貧困防止には十分とはいえない。むしろ，最低保障年金を導入して，現役時代に十分に保険料を納付できなかった者に対しても最低保障を導入することが必要ではないだろうか。ただし，単純に65歳の支給開始年齢からすべての者に最低保障年金を給付すると，追加財源が巨額になり，財政的に持続可能な仕組みを構築することが困難と考えられる。そこで，最低保障年金は75歳からとし，75歳までは，現行の基礎年金を残すことを提案したい。

　具体的には，65歳から75歳までは現行の基礎年金制度を残し，75歳からは保険料納付を条件としない最低生活費に相当する最低保障年金を一律に給付するというものである。現行の基礎年金を75歳で打ち切る代わりに，75歳から新しい最低保障年金に移行するという仕組みである。上乗せの厚生年金は変更しない。この移行によって，いわゆる基礎年金は，75歳未満はこれまでどおり，75歳以上は現行の基礎年金が最低保障年金に置き換わることになるが，受給者からみると年金額が減ることはない。

　最低保障年金に対する懸念は，多額の追加費用の問題と，保険料を納めた人と納めなかった人の年金額が同じでは不公平ではないかという公平性の問題であったが，次に述べるとおり，解決が困難な問題ではない。

　第一に多額の追加費用の問題である。現在の基礎年金は，保険料と税金で財政運営されているが，75歳から新しい制度に移行されるので，今後は，75歳までの財源手当てで済むことになる。65歳から75歳までの年金が終身年金のおおむね半分と考えれば，必要な財源は半分になるが，現行制度では保険料と国庫負担が半々であることから，基本的に保険料だけで運営できるようになる。したがって，これまでの国庫負担はすべて最低保障年金の財源に充てることができ，追加費用は限定的と考えられる。

　第二に公平性の問題である。国民年金の保険料は年額約20万円であり，これを40年間納めると総額で約800万円になる。この場合，年額約80万円の年金

を受け取ることができ，65 歳から 75 歳まで 10 年間受け取ると元が取れるので，元本の範囲では，公平性の問題も回避することできる。

おわりに

本章では，高齢者の貧困化に焦点を当て，貧困率の将来見通しを示したうえで，なぜ高齢者が貧困化するのか，どのような高齢者の貧困リスクが高いかなどを分析した。将来の高齢者の貧困化を防ぐことについて，出生率の回復は，超長期的には大きな効果が期待できるが，中長期的にはほとんど効果がなく，むしろ，公的年金制度を改革して直接的に貧困を防ぐことが重要であることを指摘した。

まず，貧困率の将来見通しであるが，生活扶助基準を貧困線としたとき，現在の貧困率は 10％程度で横ばいであるが，今後急速に上昇し，2050 年頃には 20％程度にまで上昇することを示した。これは，一人暮らしの高齢者の急増やマクロ経済スライドによる年金額の実質的な引下げによるものであった。

また，貧困リスクが高い高齢者は，未婚・離別の高齢女性であり，これは，子どもが少なく一人暮らしリスクが高いことに加え，現役時代の男女の雇用格差によって保険料を十分に納付することができず低年金にとどまること，さらには，低年金者により厳しいマクロ経済スライドの仕組みがより貧困リスクを高めることを示した。

将来の高齢者の貧困化を防ぐ手立てとして出生率の回復の効果を分析したが，超長期的には効果があるものの，2040 年代半ばまでは全く効果が出ないことを示した。これは，子どもが成長して高齢者を支えるまでには少なくとも 20 年は要することやマクロ経済スライドによる年金額の実質的な削減が 2040 年代半ばまで続くためであった。

そして，高齢者の貧困化を防ぐためには，基礎年金を改革し，最低保障年金を導入することが望ましいことを指摘した。ただし，最低保障年金は，65 歳か

らではなく 75 歳からとし，75 歳までは現行の基礎年金制度を残すことが必要である。これにより，多額の追加費用の問題と，保険料を納めた人と納めなかった人の年金額が同じでは不公平ではないかという公平性の問題の二つが同時に解決されることを示した。

　このように，今後一人暮らしの高齢者の急速な増加や年金額の実質的な削減によって，高齢者の貧困化が著しく進行していくことが懸念される。出生率の回復を期待する方法では，仮にうまくいったとしても，中長期的にはほとんど貧困率の改善効果が期待できないことから，最低保障年金の導入など直接的な所得の支援策の方が効果的と考えられる。高齢者の貧困化を防ぐため，公的年金制度とりわけ基礎年金制度の抜本改革が望まれる。

注

(1) 本章では，特に断らないかぎり，65 歳以上の者を高齢者とする。

(2) 国民生活基礎調査では，65 歳以上の者のみで構成するか，又はこれに 18 歳未満の未婚の者が加わった世帯を「高齢者世帯」と定義しているが，99％以上の世帯が高齢者のみで構成されていることから，本章では区別していない。また，高齢者世帯には，高齢者の兄弟姉妹で暮らしている世帯や子どもが 65 歳以上となっている世帯も含まれるが，単独世帯または夫婦のみの世帯が全体の 95.8％を占めている。

(3) ただし，高齢者や女性の就業状況の改善など一部の遷移確率については，将来変動を織り込んでいる。

(4) ある状態から別の状態に遷移する確率を遷移確率と呼ぶ。たとえば，未婚者の初婚確率は，未婚の状態から有配偶の状態に遷移する確率である。

(5) 本章で用いた国民生活基礎調査の個票は，平成 30 年 7 月 4 日付厚生労働省発政統 0704 第 1 号により，その利用が認められたものである。

(6) モデルの詳細ついては，稲垣（2007），稲垣・金子（2008），稲垣（2010）などを参照のこと。

(7) 経済前提（ケースⅢ）は，経済成長と労働参加が進むケースのうち，最も控えめな前提であり，実質経済成長率 0.4％，実質賃金上昇率 1.1％を見込んでいる。

(8) 本モデルでは，コーホート合計特殊出生率がシミュレーション結果として出力されていないので，2065 年の期間合計特殊出生率を代用している。

(9) 2019 年の出生数が大幅に減少したことから，合計特殊出生率も低下する見通しである。2019 年の合計特殊出生率は，2018 年（1.42）に対して，出生数が△5.5％，人口要因（15〜49 歳の女子人口の減少）の変化率△2.1％であるので，$1.42 \times (1 - (0.055 - 0.021)) = 1.37$ 程度と見込まれる。

(10) 生活扶助基準（住宅扶助等を除く）は 2012 年度の基準を用いており，この基準額の平均的な現役男子の手取り収入に対する比が将来も変わらないものとしている。世帯の所得には本人の年金だけでなく，同居している家族，夫や子供の所得なども含まれている。たとえば，2012 年度の 68 歳の単身高齢者の生活扶助基準（2 級地 -1）は，月額 72,370 円（年額 868,440 円）であり，相対貧困率の貧困線（122 万円）よりもかなり低い。

(11) 相対的貧困率の貧困線と同様に，生活扶助基準額も国民全体の所得水準に対して相対的に決められるものとしている。

(12) シミュレーションでは，貧困線（最低生活費）を生活水準の向上（実質賃金上昇率）に応じて引き上げる一方，高齢者の年金は生活水準の向上が反映されない（物価スライドのみ）ため，実質賃金上昇率が低い場合は，高齢者の年金が相対的に高く評価される。

(13) 旧法（昭和 60 年改正前）における通算老齢年金に相当するものである。ここで，旧法の通算老齢年金とは，厚生年金の加入期間だけでは老齢年金を受けられるだけの受給資格期間を満たさない等の場合に，他の制度（国民年金など）の加入期間を通算することにより受給資格期間を満たしたときに支給される年金のことをいう。新法では，「通算老齢年金相当」として区分しており，厚生年金の被保険者期間が短い者をいう。勤続期間の短い女性に多く，年金額も低い。

(14) 旧法（昭和 60 年改正前）における老齢年金に相当するものである。ここで，旧法の老齢年金とは，原則として，被保険者期間が 20 年以上（中高齢特例に該当する場合は 15 年以上）ある者が 60 歳から支給される年金をいう。新法では，「老齢年金相当」として区分しており，厚生年金の被保険者期間が長い者をいう。勤続期間の長い男性に多く，年金額も高い。

(15) 第 3 号被保険者制度を廃止したときの効果については，稲垣（2018）が分析しており，単純に廃止しただけでも，貧困率の改善に寄与することを示している。

参考文献

阿部彩（2018）「日本の相対的貧困率の動態：2015年」貧困統計ホームページ, https://www.hinkonstat.net/（2020年5月13日確認）.

稲垣誠一（2007）『日本の将来社会・人口構造分析―マイクロ・シミュレーションモデル（INAHSIM）による推計』財団法人日本統計協会.

稲垣誠一（2010）「日本のマイクロシミュレーションモデルINAHSIMの概要」PIE/CIS-DP no.468, http://cis.ier.hit-u.ac.jp/Common/pdf/dp/2009/dp468.pdf（2020年5月13日確認）.

稲垣誠一（2015）「年金改正・物価上昇が将来の高齢世帯の貧困にもたらす影響」『貧困研究』明石書店, Vol.15, pp.40-50.

稲垣誠一（2016）「高齢女性の貧困化に関するシミュレーション分析」『年金と経済』Vol.35(3), pp.3-10.

稲垣誠一（2018）「高齢女性の貧困化：第3号被保険者制度の財政影響」『年金と経済』Vol.37(3), pp.50-58.

稲垣誠一・金子能宏（2008）「マイクロ・シミュレーションモデル（INAHSIM）による所得分布の将来推計」厚生労働科学研究費（政策科学総合研究事業）『所得・資産・消費と社会保障・税の関係に着目した社会保障の給付と負担の在り方に関する研究：平成19年度総括・分担報告書』, pp.383-410.

金子隆一・石川晃・石井太・岩澤美帆・佐々井司・三田房美・守泉理恵・別府志海・鎌田健司（2012）「日本の将来推計人口（平成24年1月推計）」『人口問題研究』Vol.68(1), pp.90-127.

厚生労働省（2020a）「平成30年国民生活基礎調査の概況」, https://www.mhlw.go.jp/toukei/saikin/hw/k-tyosa/k-tyosa18/index.html（2020年10月27日確認）.

厚生労働省（2020b）「平成30年度厚生年金保険・国民年金事業年報」, https://www.mhlw.go.jp/topics/bukyoku/nenkin/nenkin/toukei/nenpou/2008/（2020年5月13日確認）.

厚生労働省年金局数理課（2010）「平成21年財政検証結果レポート：国民年金及び厚生年金に係る財政の現況及び見通し（詳細版）』厚生労働省年金局数理課.

国立社会保障・人口問題研究所（2014）『日本の世帯数の将来推計（全国推計）：2005（平成17）年～2030（平成42）年』厚生労働統計協会.

国立社会保障・人口問題研究所（2018a）『日本の将来推計人口：平成29年推計の解

説および条件付推計』厚生労働統計協会.

国立社会保障・人口問題研究所（2018b）『日本の世帯数の将来推計（全国推計）：2018（平成 30）年推計』厚生労働統計協会.

社会保障審議会年金部会（2019）『2019（令和元）年財政検証結果のポイント』第 9 回社会保障審議会年金部会（2019 年 8 月 27 日）資料 1, https://www.mhlw.go.jp/content/000540198.pdf（2020 年 5 月 13 日確認）.

独立行政法人労働政策研究・研修機構（2019）『労働力需給の推計—労働力需給モデル（2018 年度版）による将来推計—』資料シリーズ No.209.

（稲垣誠一）

第8章　女性のライフコースの変化に合わせた
社会保障と雇用慣行の変革

はじめに

　日本社会が面している現代の多くの課題は，女性のライフコースの変化と深くかかわっている。根源的な日本の課題は，男女が新たな家族をつくり，次世代を育てられていないこと，これが結果として引き起こす大きい人口構造の歪みである。日本のシングル男女の多くは，親と同居する形で，生まれた家族との親密な関係性を持ち，一定以上の生活水準を維持している。しかし次世代が育っていないため，現役が順次引退していく今後を見通せば，現在の高齢者が享受するような老後の社会保障は，現役世代1人あたりの労働生産性がこれから余程上がらない限り実現できないだろう。また生涯シングルの平均賃金は高いとはいえず，一人暮らしの高齢者の貧困リスクが高い（本書7章）とすれば，今後，貧困リスクが高まると考えられる。

　しかしながら若者の多くが，シングルという生き方を覚悟して選んでいるというわけではない。5年ごとに行われている国立社会保障人口問題研究所『出生動向基本調査』を見れば，「いつか結婚するつもり」という設問に対する34歳までの未婚者の回答を見ると，意識面では，1980年代，1990年代，2000年代，2010年代とさほどかわっておらず，ほぼ9割がいつか結婚すると漠然と考えているからである。また「希望子ども数」についても，結婚希望のある未婚男女の9割は子どもを1人以上持ちたいという回答をしており，この数字も希望0人が若干増えてはいるものの，過去30年，大きくは変化していない。

　それではなぜ家族形成がすすまないのだろうか。それは，結婚のハードルが

高いから，という山田（2017）の解釈はその通りかと思う。山田は，欧州においても日本においても男性が稼ぎ女性がケアをするという「近代結婚」が危機にあると述べる。しかし欧州においては男女とも経済的自立を求められ，法律婚が「不要になる」という方向に変化が起きたという。実際に欧州では，男女のパートナーシップは同棲という形でゆるやかに形成され，やがて子どもが持たれている。その上日本と違うのは，欧州では子どもを持つことに対する公的支援が手厚いことだ。その一方，日本においては，山田によれば，逆に「性別役割分業家族が固執され」，結婚の経済的「必要性」の意識が強いという。しかしこれを実現するような賃金を得る未婚男性が縮小し，その上に，恋愛結婚規範も強まっているため，理想の結婚相手のハードルが高まり，山田は日本では「結婚の困難」が強まっているとする。

　男性の中位年収が下落しているのは，日本だけではない。OECD 諸国全体の傾向である。グローバル化と ICT 技術の発達により，海外の安い労働力の活用がすすみ，日本のみならず，米国，英国などでも男性中間層の所得が下落している。しかしながら女性の収入が増加することで，どうにか家計が賄われてきた。しかし日本の労働市場においては，依然として女性は低賃金セクターに閉じ込められている。というのは，正社員は拘束性が高いことから，結婚や出産をきっかけに，いったん離職する女性が多いからである。また正社員に限定しても男女の賃金差は大きい。社会保障面でも，年金保険，医療保険，介護保険において，女性の多くは夫の扶養家族という形で配慮されている。しかし，子どもを持つことや子をケアする者に対する（夫を通じない）社会的サポートはいまだ手薄い。正社員については，育児休業を利用して就業継続する女性が，徐々に増えてはいるが（本書3章），多数とはいえず，また非正規雇用者に対する就業継続への社会的保護の仕組みはほとんどない。もし離婚にもなれば，女性の低賃金で子育てをするのは困難である。出産や出産離職が，女性にとって大きいリスクとなりうるため，慎重になるのは合理的な状況がある。

　しかしその結果，次世代が育たないことによって，高齢者人口を支える負担は重いものとなっている。

　本章では，現状を踏まえて，日本社会が現在時点で，選択できる未来について考えていく。

　すぐさま思いつくのは以下の3つであろう。①就業希望がある無職者の就業を高める施策の推進，②家族を持つことを望む若者に対して，パートナーシップ形成と，出生・子育てをサポートする施策の推進，③働く個々人の労働生産性の向上による賃金水準の上昇のための施策の推進。特に女性の賃金の上昇，④移民政策も重要であろうが，これについては別の書籍も本シリーズから出されており，今回は，①，②，③までを考える。

　20年後，30年後，40年後の日本社会をどう見るのか，先々の予想は難しい。そこで，2019年に出された厚生労働省の公的年金の「財政検証」を手掛かりに，政府が見通しているこれからの選択肢の幅をまず検討する。「財政検証」では，出生，死亡，経済の成長シナリオ，金利水準や物価，労働参加について，複数の将来シナリオが仮定されている。

　第1節では，①と②の労働力率の上昇と，出生率の停滞・回復について，政府見通しを利用した「財政検証」が示す2020年から2050年までのシナリオを見る。また③の1人あたり賃金の男女差を「財政検証」がどう予測しているか確認する。

　第2節は，「財政検証」が明示的に扱っていない男女の賃金分布格差について，その現在の大きさを，大卒について無業者や非正規雇用者を含めて示す。「財政検証」は「平均賃金」を予測に用いており，賃金分布は見ていないからである。

　第3節では，「男性が主な稼ぎ手，女性が家事育児」というモデルに対して，人々の意識が依然として持続していること，反面で経済面におけるその実現の困難について述べる。その上で海外を参考に，子どもを持つことで貧困に陥らないための，社会保障政策と改革の方向について述べる。

　第4節では，改めて，「財政検証」が20年後に予想する女性と男性の働き方，雇用形態の中身について検討する。

　第5節は，持続可能な社会を実現するための政策，職場，家庭に必要な変化について述べる。

第1節　公的年金「財政検証」（2019年）から見る労働力率，出生率変動による現役人口の変化

（1）労働力率の予想と現役人口の縮小への影響

　日本社会は少子高齢化という大きい挑戦を受けている。その度合いはどれほどだろうか。2018年度の日本の社会保障給付費は，120兆を超えるが，これは国民所得の30％にあたる。今後，日本の高齢化は（出生数が減少していることや高齢人口が長寿であることから）どの国よりも早いスピードですすむ。要介護者割合が増える75歳以上の高齢人口の増加が見込まれる中で，今後，医療費や介護にかかる社会的費用は増大していくだろう。国立社会保障・人口問題研究所「社会費用統計」によれば，「社会保障給付費」のうち「高齢者」に対する給付は，年金や介護など，2018年現在でも47％と半分を占める。「保険医療」が次いで31％を占めるが，医療においても高齢者への給付は大きい。高齢になるほど医療ニーズが増えるからである。一方，子どもなど，家族への給付は7％に過ぎない。将来的には，高齢者の増加とともに，社会保障給付の財政ニーズは大きく増え，現役世代人口の急速な縮小の前で，大きく現役の負担が増えると予想されている。森田ほか（2018）は，社会保障給付費は2025年度に141兆円に，2041年度に191兆円に膨らむと予測し，現役1人あたりの急速な社会保険料や税金負担の増加を懸念している。

　ところで厚生労働省年金局「財政検証」は5年ごとに100年先までの公的年金保険の被保険者数の見通しを出している。2019年に最新版が出され，2115年までの予想が出された。100年先は不確定要素が大きいので，この政府見通しから2050年までについて，経済シナリオ別の労働力（被保険者数）を見ることにする。[1]

　図8-1 は，年金の「財政検証」からみた公的年金の支え手の人数見通しである。具体的にはサラリーマンの年金である厚生年金（第2号被保険者と呼ばれる）と国民年金（第1号被保険者と呼ばれる）を合わせた被保険者数の見通し

である。なおサラリーマンの被扶養配偶者である第3号被保険者は，その収入からは社会保険料の拠出はしていないため，ここでは社会保険料負担人口の集計からははずしている。厚生年金（第2号被保険者）は，国民年金（第1号被保険者）と異なり，社会保険料は労使折半であり，事業主の負担がある。また国民年金と異なり，給料の一定割合であり，給付も国民年金より手厚い。

　2019年の「財政検証」では経済成長，労働力率，物価や賃金上昇率，運用利回りなどについて，6つのケースを計算している。この中で「労働参加がすすむケース」においては，高齢者，主婦，若年等の労働参加がすすみ，その結果として第1号被保険者（非正規社員，無業者，失業者や自営業主）や第3号被保険者（サラリーマンの扶養されている低収入の配偶者）が減り，第2号被保険者である厚生年金の加入者が増え，支え手に回るという予想が出されている。一方，「労働参加があまりすすまないケース」では，その進展が弱い。

　政府の推計結果が図8-1である。労働力がすすむケースとすすまないケースと比べると，最大200万人程度，第1号と第2号の被保険者数（社会保険料を

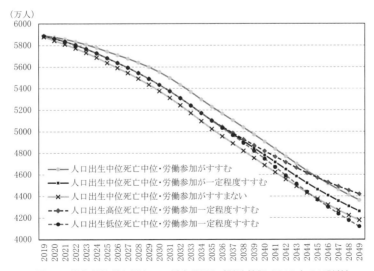

図8-1　社会保険料負担人口の将来見通し（財政検証2019年より計算）
（資料）　公的年金の将来見通し（2019年財政検証）より筆者計算.

納付する支え手側）が増える予測である。しかし 2019 年からの 10 年で，引退する高齢人口に比べて増える現役人口が少ないため，全体としては社会保険料負担人口は約 500 万人も減少する。「労働参加がすすむ」政策も，今後の急速な労働力の減少に対抗できない。

　社会保険料納付の規定をかえて，多様な働き方をする者からも社会保険料を徴収することで，もう少し支え手は増やしうる。家事の傍ら低年収で働く第 3 号被保険者（サラリーマンの被扶養配偶者）や，60 歳以降も，厚生年金に加入しない形で働く高齢者は，社会保険料拠出人数予想には含まれていない。社会保険料負担の国民ルールを変更すれば，あと少し「支え手」が増える余地はある。たとえば国民年金保険料の徴収の対象年齢を 59 歳から 64 歳に引き上げたり，第 3 号被保険者について，現在年収 130 万円までの収入があっても，被扶養者として社会保険料の免除をしているが，被扶養の定義を年収 50 万円程度に引き下げたりすることで，収入に応じて社会保険料を支払う支え手側に回ることになる。

　すでに短時間雇用者についてはこうしたルール変更が行われつつある。これまで，通常の労働者の 4 分の 3 以上の労働時間を働いていなければ，当該者を厚生年金に加入させることは企業の義務ではなかった。しかし，2016 年 10 月から，週 20 時間以上，月間賃金が 8.8 万円以上であり，従業員 501 人以上の企業に勤務するパートは，厚生年金加入が事業主に義務づけられた。また 2020 年年金法改革によって，2022 年 10 月には 101 人以上企業に，2024 年 10 月には 51 人以上企業へと，暫時，短時間雇用者を厚生年金に加入させる義務が，小規模企業も含むものに変わっていく。

　このような形で「支え手」をまだ増やすことはいま少しできる。しかし大きい人口の塊が高齢化し，次世代の再生産が縮小しているため，現役人口の大幅減少を補うには到底及ばないことは図 8-1 から明らかである。

（2）人口見通しと現役人口の変化

　では，近未来に出生率が高まることで，将来の「支え手」がどのくらいかわ

るのか，この点についての政府の予測を見る。「財政検証」では，国立社会保障人口問題研究所による 2017 年 4 月の「日本の将来人口」の予想値を用いている。合計特殊出生率は 2015 年に 1.45 であった。「出生中位」（ベースとなる推計）では，将来的に 1.44 が続くと予想されている。これに対して，「出生高位」（合計特殊出生率が 1.65 となる）の場合と「出生低位」（合計特殊出生率が 1.25 となる）場合とが財政検証で比較されている。[2]

　前出の図 8-1 のとおり，2020 年以後出生率が「高位」や「低位」に振れたとしても，2040 年までは，社会保険料を負担する人口に対して，出生率はあまり影響を与えない。[3]

　これは生まれた子どもが成人になるには少なくとも 20 年かかるからである。しかし 2040 年以後には大きい差となっていく。「出生高位」と「出生低位」との差は，2050 年までのタイムスパンではさほど大きくはないが，その後 20〜30 年を見通すと，子世代で家族の再生産が起きるため累積的な差となる。このため出生高位と低位の 2 つの予測を比べると，図 8-1 には示していないものの，2075 年には約 900 万人という大きい社会保険の支え手の差となることが示されている。

　今から 30 年後，50 年後の社会を予想することは難しい。しかし若者，女性，高齢者の労働力化と被保険者化とをすすめたとしても，今後明らかに支え手は大幅に減っていく。現役労働力が今後 20 年ほどで 1000 万人程度も急減するために，高齢者への所得移転は下がり，現役の負担は相対的に増えざるを得ないであろう。

　また出生率が回復したとしてもその効果が出るのは 20 年先以降となる。そうは言っても，20 年先を見越した子どもへの投資がなければ，日本の将来社会の選択の幅は今後一層狭いものとなる。なお「出生高位」といっても「1.65」であり，これは現在のフランスやスウェーデンの 1.9 前後よりはかなり低い予想であり，また若者が漠然とではあるが希望している子ども数よりも低い。若い世代が次世代育成をしやすい社会環境をつくることは日本でもっとも重要な社会課題だろう。パートナーシップを形成し，次世代を育てるという希望が叶いに

くいのはなぜか。その状況をどう取り除くのか，この点を検討し，改革すること
が，20年後，40年後の日本にきわめて重要であり，本書の「ライフコース研究」
が貢献できる点であろう。

（3）女性の第2号被保険者の賃金水準の男性との比較

　今後の社会を考える上でもう一つ重要なのは，現役世代の1人あたりの生産
性（賃金）の見通しである。労働人口が増えないとしても1人あたりの生産性
が高まれば，高齢者への移転の負担は軽くなり，労働人口が増えたのと類似の
効果を持つからだ。

　「財政検証」では，比較的明るい見通しの「ケースⅢ」においても，賃金上昇
率は平均1.1%としている。いくつかの賃金上昇率の仮定値（1.4%から0.4%ま
で）がおかれているが，この際，男性と女性の賃金変化の見通しについては，
明示的に示されていない。しかし前回の財政検証において，女性の平均賃金の
上昇のスピードが男性よりやや高く，男性の平均賃金上昇のスピードはやや低
く，両者の合計で平均の仮定値となる前提がおかれたと説明されており，今回
も同様であろう。

　図8-2は，現在（2018年）のサラリーマンの年金である厚生年金の標準報酬
月額の分布を男女別に見たものである。男女で驚くほど大きい月収分布の格差
がある。「厚生年金加入者」とは基本的にはフルタイムの安定雇用者であるの
で，女性に多いパートやアルバイトの労働者はほとんど含まれていない。それ
でも男女の月収の分布の差はきわめて大きい。

　女性の月収のピークは20万円台前半である。これに対して男性は，20万円
台後半から40万円前半に幅広く分布し，かつ62万以上も一定数いる。

　さらに，2008年と比較すると，男女の賃金分布の差はほとんど縮小していな
いこともわかる。女性は月収20万円台前半層が伸びている。しかし15〜19万
円という低い月収層も特にこの5年で女性に増えた。離婚の増加や夫の賃金の
下落に伴い，中年期に厚生年金に加入して再就職する女性が増えているが，そ
の賃金がきわめて低いのだろうと推測される。

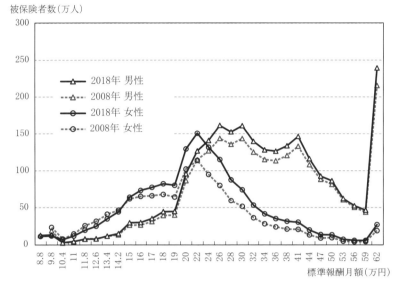

図 8-2　厚生年金の標準報酬月額別被保険者数の分布
（資料）社会保障審議会年金数理部会（2019）.

　実際のところ，2010 年から 2020 年の 10 年間に，女性の第 2 号被保険者は大きく増え，たとえば 40〜44 歳層では人口にしめる加入者の割合は 10%ポイントも上昇した。他方，第 3 号被保険者は 6%程度縮小したことが知られている。

　しかし安倍政権下のウーマノミクス政策にもかかわらず，第 2 号被保険者の男女の月収の差は驚くほど大きいままである。

　政府の「財政検証」は，すでに説明したように，男女の賃金格差は，わずかなスピードでしか縮小しないと仮定している。女性が教育投資のふさわしい賃金を得ることは，少子高齢社会日本にとって重要な政策だが，この点について，当局の政策関心が薄いことはきわめて残念である。これからは，女性賃金の改善見通しをケース（あるいは目標）として考えていくべきと考える。

第2節　性別役割分業家族が持続する背景：
日本できわめて大きい大卒男女の賃金格差

（1）大卒男女の大きい年収分布の差

　前述の第1節（3）では「厚生年金加入者」に限定して男女の賃金差をみた。しかし女性には，フルタイムで働いている者もいるが，パート・アルバイトといった働き方のために，あるいは専業主婦のために厚生年金に加入していない女性が女性全体の48％にのぼる。女性に占める割合としては，第2号被保険者（主に厚生年金）が52％，第1号被保険者（国民年金）が22％，第3号被保険者（サラリーマンの被扶養配偶者）が26％である。

　本節では，四年制大学に進学した大卒男女の，年齢階級別の年収の分布を示す。**図8-3**は大卒男性の，**図8-4**は大卒女性の年齢別年収のトップ30％，中央値，ボトム30％などについて，その推計年収を，所得分位別に年齢の関数で回帰し推定値をプロットしたものである（Dearden and Nagase 2017）。これは総務省『労働力調査』2015〜2017年の個票用いて，企業規模，就業形態，産業，職業，家族属性などを用いて年収関数の推計を行ったものだ。図8-2とは異なり，大卒者に限定した上で，正社員だけでなく，無業者やパート・アルバイトなどを含めた年収の分布である。

　マーカー付きの黒い実線（➔）が，大卒男性・大卒女性それぞれの年齢での中央値である。すなわち，それぞれの年齢層で，年収の低い者から高い者までを並べて，そのちょうど真ん中にいる者の年収を年齢別にみたものである。なお，これは，現在23歳の大卒男女がその後どういう年収プロファイルを得るかを推測したものではない。2015〜2017年において，それぞれの年齢層の年収分位はいくらか，実データから年収をスムージングしてプロットしたものである。ボトム10％にいる人が生涯ボトム10％にいるとは限らないが，各年齢層で，ボトム10％，30％……90％までの推計年収を出し，これをつなげたものである。

　図8-3と図8-4を比較すると，大卒男女に限定しても，その年収差がきわめ

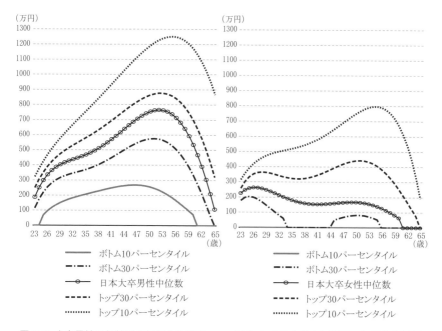

図 8-3　大卒男性の年齢別の年収分位推計　　図 8-4　大卒女性の年齢別の年収分位推計

（資料）　図 8-3, 図 8-4 ともに総務省『労働力調査』（2015〜2017 年）の個票からの推計.

て大きいことが明らかである。大卒男性の年収の中央値は 30 歳代半ばで 500 万円弱，50 歳代前半が 750 万円程度である。図には示していない他の年度を用いた推計と比較すると，大卒男性のボトム 10％の年収は最近になって下がる傾向がある（Armstrong *et al.* 2019）。これは，大卒男性にも非正規雇用や無職者が拡大しているからと思われる。大卒男性のボトム 10％は，どの年齢層も年収 300 万円を超えない。しかし大卒男性のボトム 20％については，30 歳代前半に年収 300 万円を超え，50 歳代半ばまで 300 万円を超えている。

　これに対して，大卒女性の年収構造はまったく異なる。図 8-4 が同様の図であるが，中央値をみると，年齢別にみた年収のピークは 26〜27 歳，260 万円程度であり，その後は年齢が上がるにつれて年収の中央値は下落する。これは，結婚や出産で無職になったり非正規に転職したりする大卒女性が増えるためだ。

40歳代から再び女性の有収入者が増えだす。これは労働市場に戻る者が増えるからである。しかし大卒女性の年収の中央値は35歳以降，170万円程度にとどまる。現在の40歳代，50歳代の女性については，四年制大学教育を受けていても年収はかなり低い。「年収300万円」あれば生活を自立できると見るすれば，大卒女性については，トップ30パーセンタイル以上でないと，年収300万円を超える賃金を得られていないのである。

　なぜこのように男女賃金格差が大きいのか，という点に関しては，女性の結婚や出産時の離職が多いこと，離職年数が長いこと，また再就職の際には，パート等の非正規雇用で，短い時間働くことが多いということ，そしてそうした働き方においては，同じ本人でも賃金が大きく下がり，賃金上昇が少ないというのが日本の特徴であると指摘できる。永瀬（2018）では，厚生労働省『21世紀成年者縦断調査』というパネル調査を用いて，同じ個人が，正社員からパートになった場合の賃金率を，人的資本の変数をコントロールして，固定効果モデルで推計している。そこでは同じ個人でもパートになると時間あたりの賃金が2割も下落することを示している。つまり賃金制度のあり方も女性の低賃金の原因であるとわかる。

　では，他の国々においてはどうなのだろうか。共同研究者のDearden教授から，大卒者の低年収階層において，これほど大卒男女で収入差がある国は見たことがない，驚いたと言われた。それほど日本の賃金構造は特異かと，私としてもショックであった。

　Dearden教授は同様の方法で，米国と英国の推計をしている。これによれば，米国において，中年期の大卒女性の年収の中位賃金は，約500万円，一方，英国においては，300万円ということである。他方で日本では，170万円程度と大幅に低い。Dearden教授による米国はCurrent Population Surveyの中位数の推計値を，日本の年齢別の推計値の上にかぶせたものが図8-5，図8-6である。

　日本の特徴を見るために詳しく比較する。

　まず，男女ともに米国よりも日本の年収は低い。加えて，中位年収の年齢プロファイルの形に日米に差がある。男性を見ると，日本と比べて米国は20歳代

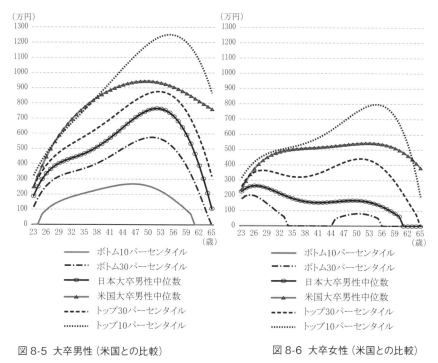

図 8-5　大卒男性（米国との比較）　　　　図 8-6　大卒女性（米国との比較）

（資料）　図 8-5，図 8-6 ともに Dearden and Nagase（2017），日本については総務省『労働力調査』の個
　　　票から推計．Dearden（2017），米国については，日本の労働力調査にあたる Current Population
　　　Survey の個票から推計．

　後半から 30 歳代に年収は大きく高まっていく。一方，日本は，40 歳代後半以
後にならないと大きくは賃金が上がらない。おそらく「役職」に就かないと男
性年収は大きくは上がらず，40 歳代後半になると男性の賃金制度上の役職者が
増えるためだろう。一方，家族形成期にある 30 歳代後半の男性賃金は相対的に
低めの 500 万円弱にとどまる。この年収水準で専業主婦の配偶者と子どもを持
つとすれば，経済的な余裕を持ちにくいと想像される。
　一方，女性を見たものが図 8-6 である。日米を比較すると，大卒について，
日米の年収差は，男性以上に大きい。米国の大卒女性の合計特殊出生率は，日
本の大卒女性以上に高い。しかしそれでも，日本と違って，米国では出産年齢

期の大卒女性の中位年収は，日本のようには低下せず，横ばいの約 500 万円である。つまり子どもを持っても米国の大卒女性は一定の年収を稼ぎ続けることができることがわかる。一方，日本は，年齢とともに中位年収は下落し，良い仕事機会を失っていく。

　ただし，日本の低年収の大卒女性の多くが，みじめな消費生活水準を送っているというわけではない。大卒男性と大卒女性からなる「世帯年収」を計算すると（これは別稿に譲り，図には示さないが），女性自身の年収が低いとしても，夫を通じて多くは豊かな世帯を形成している。大卒同士のカップルを見ると，世帯年収の中央値のピーク年収は 1000 万円を超え，ボトム 10％ に限定しても，50 歳代では 600 万円を超えている。つまり 2015〜17 年時点の 50 歳代の女性を見れば，自分自身が高い年収を得ていないとしても，婚姻を通じて，安定した世帯を形成し，世帯としては高い消費水準を享受している。しかし，シングルの大卒女性や，女性が大卒でも夫が大卒でないカップルにおいては，より世帯年収は低い。

　このように男性が主な稼ぎ手であり，女性は低収入であるような世帯は，日本の公的年金において，「モデル」世帯として扱われてきた。専業主婦のいるサラリーマンは，夫と妻がともに厚生年金に加入する共働きの場合や，あるいは，無配偶の厚生年金加入者の場合と比較して，個人が同額の社会保険料をおさめた場合に，追加で妻分の基礎年金権を得られる点で，優遇されてきた。こうした世帯が奨励されていると言っても良い。女性自身が賃金を稼得し社会保険料を納めることで，どのくらい老後の安心が得られるのかは，女性にとっても重要な論点だ。しかしサラリーマンの公的年金制度の議論においては，「専業主婦のいるモデル年金世帯」の年金水準の議論が中心で，女性が社会保険料を納めること，働くこと，それによって得られる公的年金給付の水準の妥当性について，ほとんど関心が払われてこなかった。

　OECD（2021）によれば，OECD 37 か国の中で日本は 3 番目に男女賃金差が大きく，また調査された OECD 34 か国の中で最も男女の年金差が大きい現状がある。

(2)　未婚大卒男女に見られる賃金格差の縮小

　しかし，未婚男女に関していえば，男女の賃金格差は今や小さいものとなっている。

　2015～17 年のシングル大卒男性に限定して年収分布をみると，これも図には示さないが，シングルの大卒男性の年収分布は，男性全体に比べて低めである。35 歳のシングルの男性の年収の中央値は 340 万円強，奇しくも 35 歳シングル女性の年収の中央値は 340 万弱とほぼ同額であった。これは，シングル女性は，女性全体と比べ，男性とは逆に年収が高めだからである。またシングル男性は，男性全体よりも年収が低いからである。

　このようにシングル大卒男性とシングル大卒女性の年収差は縮小方向にある。このシングル同士が結婚し子どもを持つことで，もし女性が出産後無職化してしまうならば，生活水準は，大卒女性，大卒男性，それぞれがシングルであったときよりも下がるだろう。だから簡単には子を持ちにくい。

　しかし女性が仕事を失わずに子どもを持てる社会環境が整備されるなら，1 人 300 万円よりは，2 人で 600 万円の方が規模の経済により生活水準は上がる。また男性が子育てを分担できる雇用環境や社会規範が拡充されるならば，パートナーシップ形成は豊かさにつながるようになる。

　シングル男女の中には非正規雇用者もいるが，非正社員はもともと育児休業をとりにくく，その結果，育児休業もとれなければ，離職により収入が下落しても育児休業給付を得られない場合がほとんどである。

　若い世代は，さまざまな働き方の男女が増えている。そうした中で夫婦共働きで子どもを持つことが可能な社会保障を形成していくことがまさに求められている。

第 3 節　世帯形成を容易にするのは何か

　これからは男性が主な稼ぎ手・女性家事育児担当モデル」にかわる，女性のライフコースの変化に見合った暮らし方のモデルの創出が必要となる。

（1）子どもを持つことのリスクをどう社会で担保するか

　ここまでの分析でわかるのは，日本において，男女賃金格差が大きく，女性の離職が多いために，「男性が十分に賃金が高くない限り，子どもを持つということがリスクとなっている」ことがあること。そして，1990年代以降，男性の賃金の停滞とともに，リスクは高まっているものと思われる。また，佐藤・新谷（本書第4章）が示すように，未婚女性の意識も自立嗜好へと変化している。こうした中で最近は，ようやく就業継続をしながら第1子を持つ女性が増えつつあるが（永瀬 2019），第2子を出産するには，男性の育児参加が可能な状況がないと就業女性に難しい状況がある（Nagase and Brinton 2017）。

　1970年代から80年代には，皆婚といえるほど20歳代女性の結婚移行は急速にすすんだ。これは，当時の女性の親世代の少なからぬ割合が自営業であったのに対して，経済成長によって，サラリーマンの結婚相手候補が増え，より豊かな生活を期待できたからであり，逆に婚姻しないことが将来リスクに思えたからではないだろうか。当時は，三世代同居ではない，核家族という新しい家庭のスタイルができつつあり，育児や家事専業になるというのは，女性にとって好ましいことに見えたのではないだろうか。

　しかし1990年代になると女性が家事育児だけ担うことへの閉そく感や悩みも見えてきた。また2000年代に入ると，若年男女に非正規雇用が拡大する一方で，女性の多くは依然として第1子出産後にいったん無職となることが続いた。女性が出産後は収入を失うとすれば，収入見込みの高い男性と婚姻し，かつその婚姻が続かない限り，「子どもを持つということが女性の経済リスク」となってきたのだろう。1997年以降，男性の平均賃金は下落傾向にあり，高い所得を期待できる男性候補は縮小していったのである。

　それにもかかわらず，性別役割分業意識に関する内閣府の調査（内閣府『男女共同参画白書』令和1年）を見ると，驚くほど意識変化は遅いものであった。2002年から2012年まで，性別役割分業意識に賛成という回答は反対という回答をやや上回ったままほとんど意識が変わらなかった。2019年調査では少し変化があるが，依然として，「男は仕事，女は家庭」という性別役割分業意識につ

いて，女性で賛成・やや賛成の合計が約 3 割，男性で約 4 割にのぼる。性別役割分業を支え得る条件が変化しているのに，意識変化が遅いのは，ここまでで見たように，現状の労働市場，社会保障制度の中では，依然として，日本においては，女性は出産を機に低賃金となりやすく，男性の主な稼ぎ手がいないと貧困に陥りやすいという外的条件が変化していなからだろう。

（2）海外における子どもを育てる家族・雇用者に対する社会的保護

　海外ではどうなのであろうか。フランスの合計特殊出生率は 1.88（2018 年）と欧州の中でもっとも出生率の高い国である。また生まれる子どもの 6 割は婚外子であるが，法律婚の子どもと同じ相続等の権利を与えられるようになった。神尾（2020）によれば，フランスは，「働く女性が子どもを持とうとするときの障害」，そして「子どもを持つ女性が働き続けることの障害」の両方を「徹底的に」取り除く政策をとった。

　スウェーデンにおいても，高橋（2020）によれば，1971 年に所得税を夫婦合算方式から個人単位へと変更し，1974 年に親保険を導入し，保育を拡充する形で，女性が就業しても雇用者の身分を失わずに出産できる社会環境が整備されていった。その後，1999 年に合計特殊出生率が 1.5 に急落したことを受け，政府に委員会が設置され，個人の権利の視点から，男女が自分のライフコースを選択し，家族や子どもを持つというライフプランを実現することの重要性が指摘され，若者の雇用環境の改善に力が入れられた。2019 年の合計特殊出生率は 1.70 であり，婚外子の割合は子どもの半数を占めている。

　ドイツにおいても，原（2020）によれば，第 7 次家族白書（2007）において，「持続可能な家族政策」のために「家族を支え，家族と仕事の両立を推進し，子どもとともに生きる生活設計が実現されること」を目指し，「時間，支援のための社会基盤，所得」を拡充される政策がとられた。2000 年代のドイツの保育の拡充のスピードは，日本を上回っている。2013 年 8 月から「1 歳以上の全ての子どもの保育を受ける権利」が保障されるようになった（飯田 2018）。そして 2016 年には合計特殊出生率が 1.59 まで回復している。

　一方，東アジアでは超低出産が続いている（鈴木 2020）。これには親族構造の差もあるのかもしれない。配偶者の出会い方において，ハノイ（ベトナム），バンコク（タイ）は自分で出会ったが8割を超えているが，韓国，台湾，中国は，見合いや紹介が6割近い（2006年から2010年に行われた各国での調査）。また前者のグループは，結婚に対して親の影響が，かなり，あるいはある程度あったとする者が1割程度にとどまるが，韓国，台湾，中国では4割程度である（伊達 2017）。結婚に親の意向も重要であったり，また結婚後に男性が家族を扶養したりすることなど，結婚後の選択の幅が狭いことは，少子化要因となるだろう。

(3) 結婚しない理由：海外との比較

　ところで，日本の多くの若者が独身にとどまる理由として，特に25〜34歳層の女性の54%，一位に挙げているのが，「適当な相手と出会っていない」というものである（国立社会保障人口問題研究所『出生動向基本調査』平成15年，複数選択）。ただしこの結果は，欧州の調査とはかなり異なる。

　内閣府『平成27年度少子化に関する国際意識調査』は日本，スウェーデン，英，仏の4か国に聞いた調査である。ここでも，独身でいる理由を聞いており，理由の1番から3番の回答を合わせた結果が公表されている。日本の一位は「適当な相手に巡り合わないから」である（53.5%）。しかし他の3か国では，未婚にとどまる理由はかなり異なるものであった。もっと高いのは「結婚する必要を感じないから」（スウェーデン62.7%，仏53.6%，英国49.8%，これに対して日本は30.0%）であり，続いて「同棲のままで十分だから」である（スウェーデン53.3%，仏44.6%，英28.4%，これに対して日本は2.4%）。欧州では，結婚という形をとらないとしても，パートナーを持つ者が多い。

　日本は，おそらく「適当な相手」の要求水準が高いのだろう。それは，結婚後の男女の収入構造を見れば，もっともなことともいえる。日本については，これまで大方の女性は結婚・出産を機に仕事収入をなくし，男性に経済的に依存した。ようやく2010年以降，出産した女性の就業継続が増えているが，欧州

ではかなり前から，女性の男性への経済依存は相対的には低いものとなっている。

　出産後に収入を男性に依存するような日本のような状況では，結婚・出産に慎重になるのは合理的な行動といえる。もし離婚となれば，貧困になりやすいからでもある。日本では子どもがいるシングルマザーの貧困率は，OECD の中でも特に高い。

　これに対して，スウェーデン，フランス，英国では，結婚を機に離職する女性は少ない。さらに第 1 子出産後も就業継続する者が多く，またそれが可能な社会的な制度が拡充されつつある。日本は出産離職者に対しては金銭的な給付はないが，欧州では，離職した場合についても，出産・育児を理由とする自分の月収の下落については，多くの国で国が所得補償する制度がつくられている。

　これについて，誤解があるのは，日本においても，育児休業をとれば，育児休業給付があり，最初の 6 か月は，給料の 67％を，続いての期間は給料の 50％であり，そう悪くないという評価である。日本の制度は，育児休業制度をとれなかった者（正社員でありその権利があるはずでも社内風土で到底とりにくい企業がまだある），そもそも育児休業をとる資格がない者（パートやアルバイトの女性に多い），そうした者に対しては，雇用保険からの育児休業給付はまったく行われない欠陥があることだ。

　では育児休業給付を得ている者は出産者の何割くらいだろうか。国立社会保障人口問題研究所『第 15 回出生動向基本調査』によれば，2005〜2009 年の第 1 子出産では，わずか出産の 19.4％のみである。就業継続が増えたといっても，2010〜2014 年の第 1 子出産では，出産者の 28.3％に過ぎない。結婚，妊娠，出産をきっかけに仕事を辞める者に，社会的な給付である育児休業給付を得る権利は日本にはないからである。

第4節　公的年金の「財政検証」が見通す20年後の
女性労働の姿の限界：より大きい改革を

(1) 2040年の女性の第1号被保険者，第2号被保険者，第3号被保険者の見通し

　改めて，2019年の『財政検証』を検討し，20年後の第1号非保険者，第2号被保険者，第3号被保険者の人数について，政府がどのように予想しているかを見てみよう。被保険者数の見通しを見ると，15の場合分けがなされている[4]。

　この中で，「経済成長がすすみ労働参加がすすむ」という望ましいが実現しそうなケースとしているケースⅢについて，人口に占める第1号，第2号，第3号被保険者の割合の予想を見ることにしよう。これは社会保障人口問題研究所の「人口中位推計」の各歳別の人口予想を踏まえて，「財政検証」による被保険者数を各歳別に確認し，前者を分母，後者を分子として計算したものだ。以下では2020年と2040年の男女の就業状況を比較する。

　結果は，図8-7が女性，図8-8が男性である。

　まず女性を見る。ケースⅢでは，2040年の厚生年金加入の予想は，図8-7の濃い黒の実線である。2020年より10％ポイントほど，正社員就業の女性の上昇を予想している。社会保険料を負担しない第3号被保険者の割合は，35～39歳層を例に過去と比較すると，2008年当時は人口の4割を超えており，2013年は4割弱，2020年（予想）は31.5％までに急速に下がった。その後20年で2040年には24.7％と6％ポイント程度さらに下がる予想である。ただし20年後になっても，30歳代から50歳代の有配偶女性の4人に1人は，低収入の被扶養配偶者として，夫を通じて社会保険にカバーされるという見通しである。その点では変化の少ない見通しとも言える。また雇い主の社会保険料負担がない第1号被保険者（無配偶の非正規社員など）は，低年金になりやすいのだが，2020年時点で女性については40歳代後半以降60歳に向かってかなり上昇している。2020年では50～54歳層の第1号被保険者は，女性の21.2％を占めるが，20年

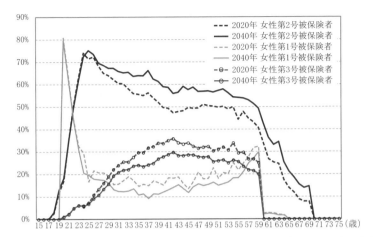

図 8-7　女性の第 1 号, 第 2 号, 第 3 号被保険者割合の 2020 年と 2040 年の予想

（資料）　財政検証（経済成長労働参加すすむ）および将来人口推計（中位推計）より筆者作成.

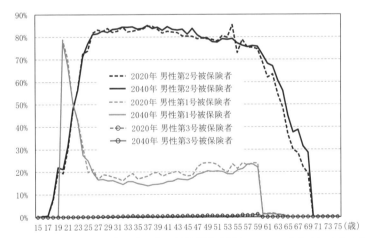

図 8-8　男性の第 1 号, 第 2 号, 第 3 号被保険者割合の 2020 年と 2040 年の予想

（資料）　財政検証（経済成長労働参加すすむ）および将来人口推計（中位推計）より筆者作成.

210

後にも 16.4％と予想されている。男性に比べて，給付水準が低い第 1 号保険者
が，50 歳代後半の女性により多く増えるのは，女性特有の事情として離婚した
女性が非正規雇用者の仕事に就いたり，夫が定年退職し第 3 号被保険者として
の身分を失ったりする者が増えることがあるだろう。

　一方，男性については図 8-8 の通りである。

　2020 年において男性 30 歳代がサラリーマンとして働き第 2 号被保険者であ
る割合は 84％ともっとも高い。30 歳代の第 1 号被保険者は 15％前後である。55
〜59 歳層となると第 2 号被保険者が 75％に低下し，第 1 号被保険者が 23％に
上昇するのは，自営業の者が増えたり，勤務先企業の経営悪化による転職や自
身の健康問題など，さまざまな事情でパート・アルバイト的な働き方をする者
が増えたりするためだろう。男性の被保険者の身分の 2020 年から 2040 年への
変化は，高齢期の厚生年金加入者がやや増えるとはいえわずかである。

　つまり，総じていえば，20 年後について，「財政検証」は「労働参加がすす
むケース」においても，男女の働き方の差異の大きい縮小は予想していない。
女性は，現在と同様，非正規雇用であったり，扶養される配偶者だったりして，
基礎年金だけしか年金権を持たない者が約 4 割は残る。厚生年金に加入する女
性は 6 割程度にとどまる。また，図 8-4 で見たように，たとえ厚生年金に入っ
ていたとしても，給料の男女差はきわめて大きいため，シングルであれば，女
性が得る公的年金は自立が難しいような水準にとどまるかもしれない。財政検
証においてはそうした者の割合への分析や言及はない。また婚姻をしている場
合，現在の遺族年金の制度は，自身が積み立てきた厚生年金は、夫の死後は実
質的には失う（夫の遺族年金相当になる）ことが殆どの場合となる制度である。
つまり女性自身が働いて年金を積み立てることで貧困を免れることは容易では
なく，また有配偶の場合も，夫の年金が特に高い場合にのみ，遺族年金を通じ
て，夫の死後も一定の生活を確保できるというのが女性の年金の予想となろう。
これは本書 7 章の見通しである，女性の貧困の拡大という将来像に通じる。

第5節　これからの社会：政策・職場・家族に求められる変化

　このように見てくると，日本の少子化の背景には，「男性とその被扶養配偶者」を想定する働き方や家族の在り方を前提とする働き方や家族のモデルを維持できる層，あるいはこれを支持する層が，若い世代に縮小していることにあると思われる。しかしながら，「財政検証」を見ると，これを改革しようという目標は政府の政策の選択肢としての視野には入っていないとわかる。

　以下では，労働市場の変化，すなわち，男性の中位年収の下落，女性の就業の増加，シングル男女の年収の縮小，こうした中で，家族形成が可能な社会保障や社会的保護への転換について述べる。

（1）女性のライフコースの変化に対応し，求められる変化

　日本的雇用は「男性とその被扶養配偶者」を想定した働き方の暗黙のルールをもってきた。また社会保障はそうしたモデル世帯を前提としてきた。これらを，女性のライフコースの変化に合わせて大きくかえていく必要がある。

　社会保障は，脆弱な時期，すなわち，子どもの時期，教育の時期，親が子どもを育てる時期，病気や失業，高齢期の低所得，介護が必要な時期などに対応してきた。男女の働き方が大きく変わる中で，その在り方をかえていく必要がある。

1）日本的長期雇用と非正規雇用という考え方の見直し

　日本においては，男性の多くは，1990年代頃までは日本的雇用慣行のもとで，年功的賃金と安定雇用を得ていた。このため，子どもの教育や家族の消費ニーズは，男性が得る雇用収入で賄われ，子どもや高齢期のケアニーズは，男性の配偶者が提供する家事育児介護サービスで賄われるものとして社会保障が構築された。そして男性の定年後の収入ニーズは，平均的な男性引退者と扶養される配偶者をモデルとする公的年金で賄われてきた。しかしこれからは女性が，

結婚や出産，子どもを育てるためのケア活動をきっかけとして，仕事のキャリアや就業収入を失わないように，雇用制度と社会保障を再構築していく必要がある。

雇用の在り方について，大企業正社員は，長期雇用と年功的賃金を前提している。しかし大企業においては総合職は転勤を当然とする慣行があり，また残業も当然とされ，拘束性の高い働き方であった。これは妻が家庭を守ることをいわば前提として可能な働き方であったとも言えよう。もし夫も妻も双方がこのような拘束性の高い働き方であれば子育て時間は充分にとれないであろう。女性が働き続けるためには男性の働き方の見直しも必要となる。

2）非正規雇用に対して「雇用者」としての社会的保護を

一方非正規雇用者は，雇用者を対象とする厚生年金制度や，雇用者のための医療保険制度には長く加入資格がなかった。これは，政府が非正規雇用のパートやアルバイトを，扶養される女性や学生の一次的な就業と位置付けてきたからであり，社会的保護が必要で，自立した生活をする「雇用者」と見なしてこなかったからだ。

しかし現在において，これはまったく実態に沿わなくなっている。現在では，無配偶の若年男女やシングルマザー，中年期の男女なども非正規雇用で生活する者が増えている。しかしその社会保障は脆弱であり，賃金水準は低く，さらに雇用は不安定であり，育児休業給付などの社会的支援も薄いなど，雇用者として受けられるべき社会的保護が十分に受けられていない。

非正規雇用に対して，自立生計を立てられる働き方として考えることが重要である。また女性に対して，扶養される配偶者としての保護は減らし，むしろ，自立して生計を営むことを権利とすべきである。もし子どもを持った場合には，仕事を失わないような仕組みをつくることを最優先すべきである。一方この間の収入下落は政府が補償する精度をつくる。また子育て期の低収入が将来年金を下げないための制度的工夫も必要である。さらに寺村（本書第6章）が提言するとおり，リカレント教育の拡充も必要である。

3) 女性のキャリア構築，子どもを育てる世帯への社会的給付の拡充と子育て時間の付与

　今後については，女性のキャリア構築について明示的に考える必要がある。正社員について，コース別人事を敷き，転勤をするかどうかで，学校卒業後の入社時にコースを分け，出世のスピードをコントロールする雇用慣行は，暗黙に出産する性に対して差別的である。こうしたルールのもとでは，女性は家事育児専業になりがちであり，男性の家事育児分担を低いものとしてしまう。

　正社員と非正社員という区分けについて，被扶養配偶者に対する社会保険の免除などの保護を廃止すると同時に，非正社員を一人前の自立した雇用者として処遇することが必要だ。かわりに正社員，非正社員，無業者を問わず，子どもをケアすることに対しては，ケア時間と育児給付を与える形に保護を大きく転換する。このようにすれば，働き方は大きく変わることであろう。被扶養配偶者に対する保護から，非正規社員も労働者として位置付け，ケア活動をする労働者に対する保護として再構築すべきである。

　子育ては，日本の課題であり，父親も母親もこれにかかわる時間と収入を持てるよう，手厚く保護すべきなのである。

4) 正社員と被扶養配偶者という世帯単位の社会保障を，雇用者個人に対するものに

　厚生年金制度は，専業主婦のいるサラリーマンに対して相対的に高い給付をし，共働き，シングルなどの雇用者への給付は低い。これは男性の賃金が世帯を賄うという考え方で公的年金が設計され，そして低収入の妻に対して，社会保険料負担なしに，基礎年金を給付する制度が 1985 年に形成されたからである。

　しかし，近年増加している生涯シングル女性や離別女性に対する年金の充分性は検討されていない。この層の年金が低いのは，そもそも女性の賃金が低いからである。また非正規雇用であれば，事業主負担があり，社会保険料が給与比例であるような年金制度に加入できないルールとなっていたからである。また厚生年金に加入できたとしても，被扶養配偶者を持たない女性の多くは，「配

214

偶者分」に対する基礎年金給付をもらえないからでもある。

5）家庭の子育てや家事分担に求められる変化

　宮本（2020）は，15歳の子どもへの調査の国際比較を通じて，日本の15歳女性の職業アスピレーションが他のOECD諸国に比べて低いことを問題視している。15歳の女性のなりたい未来に「専業主婦」が10位以内に入るのは日本だけだとういう。本章でも，大卒女性の「専業主婦」が夫の年収の高さを通じて，一定以上の消費を享受してきたことを示した。しかしそのような男女分業的な生活は，男女の賃金格差の縮小傾向，労働力の縮小の中で，今後，持続は難しいだろう。これからは男女ともに，職業能力を維持していくことが重要である。また父親が家事育児分担を大きく増やすことも重要だろう。

　これらを実現するためには，また子どもを持つ負担が女性のみに重いものとならないためには，男性が家事育児を分担できることも肝要である。男性にこうした教育を付与するとともに男性の働き方をかえる必要がある。また女性に対しては，自立するための仕事と経済力を持つことの重要性を若いうちから教育することが重要である。そのような家族は，これまでの性別役割分業家族と異なることから，男女間で多くのコミュニケーションが必要であることも社会に発信していく必要がある。

注

(1) この推計については，出生率については，国立社会保障人口問題研究所「日本の将来人口推計」（2017年4月）の出生の中位，高位，低位，死亡の中位，高位，低位を用いている。労働力率については，2019年3月独立行政法人労働政策研究・研修機構の「労働力需給の推計」の「経済成長と労働参加が進むケース」，「経済成長と労働参加が一定程度すすむケース」，「経済成長と労働参加がすすまないケース」をベースとしている。さらに長期的な経済成長については，いくつか見通しを分けたものとなっている。

(2) 死亡についても，高位，中位，低位予測が出されているが，「現役の支え手」の

　　人数への影響はほとんどない推計のため，死亡予測の変動は図 8-1 には示さない。

(3) 財政検証上の推計には考慮されていないが，子どもがより多く生まれることで女性の労働力率が下がり，一時的に支え手が減る可能性もありうる。

(4) 2019 年から 2115 年にかけての 95 年にわたっての 15 歳から 105 歳までの人口各歳別の出生率の見通しが 3 通り（高・中・低），死亡率の見通しは中のみの 1 通り，その上で，労働参加について，これが進む，一定程度進む，進まないの 3 通りが出されている。ここまでで 3×3 の 9 通りの見通しである。続いて出生率の見通しは中位推計だが，高齢者の死亡が高位，低位の 2 通りについて，労働参加が進む，一定程度進む，進まないの 3 通り，すなわち 2×3 の 6 通りの見通しが出されている。これらを合計すると 15 通りとなる。

(5) 60 歳で第 1 号被保険者の割合が突然に下がるのは，現在の制度で第 1 号被保険者として保険料納付を求められるのは原則 59 歳までだからだ。また第 3 号についても，その身分は 60 歳未満までと決められている。第 2 号被保険者が 70 歳を過ぎると 0 になるのは現在の制度で厚生年金被保険者資格がなくなるからである。

(6) 遺族年金は夫の厚生年金の報酬比例部分の 4 分の 3 である。女性が自身の厚生年金を持つ場合，遺族年金を選ぶか，自身の厚生年金を選ぶか，あるいは，両方の 2 分の 1 の組み合わせを選ぶかの選択肢しかなかった。多くの女性は，遺族年金を選んだほうが年金が高いため，夫の死後は，自身の厚生年金はないものとなっている。その後，女性の厚生年金を放棄しないことになったが，女性の厚生年金があれば，その分だけ，100％の割合で上乗せされる夫の遺族年金が減るため，実質的な給付の選択肢は変わっていない。

参考文献

飯田恵子（2018）「第 3 章ドイツ」「労働政策研究・研修機構（2018 年）資料シリーズ No.197『諸外国における育児休業制度等，仕事と育児の両立支援にかかる諸政策——スウェーデン，フランス，ドイツ，意義留守，アメリカ，日本』No.197.

神尾真知子（2020）「フランス：高出生率の政策的背景」『統計』Vol.71(10), pp.12-18.

鈴木透（2020）「東アジア：出生力の文化決定論」『統計』Vol.71(10), pp.25-32.

高橋美恵子（2020）「スウェーデンにおける出生率の動向と家族政策の変遷——仕事と子育ての両立支援と格差是正の観点から」『統計』Vol.71(10), pp.4-11.

216

伊達平和（2017）「アジア七地域における『出会いと結婚』の諸相」比較家族史学会監修，平井晶子・床谷文雄・山田昌弘編『出会いと結婚』日本経済評論社, pp.121-142.

永瀬伸子（2018）「非正規雇用と正規雇用の格差：女性，若年の人的資本拡充のための施策について」『日本労働研究雑誌』No.691, pp.19-38.

永瀬伸子（2019）「労働統計にみる少子化の要因：最近の『労働力調査』から」『月間統計』2月号, pp.54-57.

永瀬伸子（2020）「財政検証にみる2040年の女性労働の姿：未来の可能な選択肢について」『年金と経済』No.39(2), pp.10-20.

原俊彦（2020）「ドイツ：出生率の反転傾向は継続するか」『統計』Vol.71(10), pp.19-24.

宮本香織（2020）「高校生の職業アスピレーションの男女差—PISAを用いた国際比較」お茶の水女子大学『人間文化創成科学論叢』Vol.22, pp.225-234.

森田朗・岩本康志・小塩隆士・鈴木準・田宮菜奈子・福井唯嗣・柳川範之（2018）「人口変動がつきつける日本の未来：社会保障は誰が負担するのか」NIRAオピニオンペーパー, No34.

山田昌弘（2017）「日本の結婚のゆくえ—困難なのか，不要なのか」比較家族史学会監修，平井晶子・床谷文雄・山田昌弘編『出会いと結婚』日本経済評論社, pp.25-44.

Armstrong, Shiro, Lorraine Dearden, Masayuki Kobayashi and Nobuko Nagase（2019）"Student Loans in Japan: Current Problem and Possible Solutions," *Economics of Education Review,* Vol.71, pp.120-134.

Dearden, Lorraine and Nobuko Nagase（2017）"Getting Student Loan Right in Japan : Problems and Possible Solutions," Hitotsubashi University, IER Discussion Paper Series A No.668.

Nagase, Nobuko and Mary Brinton（2017）"The Gender Division of Labor and the Second Birth," *Demographic Research,* Vol.36(Art.11), pp.339-370.

OECD（2021）*Towards Improved Retirement Savings for Women*, OECD Publishing, Paris, https://doi.org/10.1787/f7b48808-en.

（永瀬伸子）

索　引

編著者略歴

永瀬 伸子（ながせ・のぶこ）
お茶の水女子大学大学院基幹研究院人間系教授。東京大学大学院経済学研究科修了、博士（経済学）。日本学術会議会員、統計委員会委員、男女共同参画会議影響調査専門調査会委員、ハーバード大学およびコーネル大学客員研究員などを歴任。女性労働、家族形成、ワークライフバランスなどを研究。近著に『The Political Economy of the Abe Government and Abenomics Reforms』（分担執筆、Cambridge University Press）。

寺村 絵里子（てらむら・えりこ）
明海大学大学院経済学研究科教授。複数の民間企業勤務を経て、お茶の水女子大学大学院人間文化創成科学研究科修了、博士（社会科学）。民間企業における女性の労働問題を研究。主な著書に『日本・台湾の高学歴女性』（編共著、晃洋書房）、『変わりゆく働く女性たち』（分担執筆、晃洋書房）。

人口学ライブラリー　19

少子化と女性のライフコース

●

2021 年 8 月 10 日　発行

編著者…………永瀬伸子，寺村絵里子

発行者…………成瀬雅人

発行所…………株式会社原書房

〒 160-0022 東京都新宿区新宿 1-25-13
電話・代表 03 (3354) 0685
http://www.harashobo.co.jp
振替・00150-6-151594

印刷・製本…………株式会社ルナテック

人口減少時代の日本社会 人口学ライブラリー6

阿藤誠・津谷典子編著

超高齢化を伴う人口減少が、主として経済と社会保障以外の社会的側面に、どのような影響を及ぼすかを現状分析に基づいて解明。将来起こりうる諸問題に対処する方策を提言する。

2800円

人口減少時代の日本経済 人口学ライブラリー5

大淵寛・森岡仁編著

将来においても少子化が解消される可能性は低い。人口減少と消費、投資、労働、技術等の経済の諸要因との間に生ずる問題を多面的に分析し様々な影響を説明。人口減少経済の対応策を講じる。

2800円

国際人口移動の新時代 人口学ライブラリー4

吉田良生・河野稠果編著

世界の代表的な地域を取り上げ、国際人口移動の実態調査と移民の流れを生み出す要因・仕組みを説明。受入国送出国双方の地域社会、経済、政治などに及ぼす影響を明らかにし、今後の方向性を論じる。

2800円

少子化の政策学 人口学ライブラリー3

大淵寛・阿藤誠編著

本書は、今日の日本の少子化状態を是正し、出生率を置換水準まで回復するための方途を探る。具体的な諸政策を提言し、これらを総合的にとらえて分析し、少子化問題の解決に迫る。

2800円

少子化の社会経済学 人口学ライブラリー2

大淵寛・兼清弘之編著

少子化が21世紀の日本の人口、経済、社会にどのような影響を与えるかを徹底的に分析。少子化が引き起こす諸問題を明らかにし、なぜ少子化が問題なのかをわかりやすく論ずる。

2800円

少子化の人口学 人口学ライブラリー1

大淵寛・高橋重郷編著

少子化は、今日あらゆる面においてわが国の将来に暗い影を投げかけ、大きな問題となっている。世界的にも進行しているその現状を踏まえ、少子化の意義、実態、そして要因を徹底的に分析し、解決策を探る。

2800円

（価格は税別）

（価格は税別）

現代人口辞典

人口学研究会編

人口減少、少子化、高齢化など社会の根幹にかかわり、自然科学、社会科学、政治経済が複雑にからみあう人口問題の用語や概念をわかりやすく解説。専門用語やマスコミに頻出する最新の言葉も平易かつ正確に説明した、ハンディな辞典。

3000円
（価格は税別）